BESTACTIVITYBOOKS.COM

PRIMEIRA EDIÇÃO - 2022

Ilustración gráfica adicional: www.freepik.com
Graças a Alekksall, Starline, Pch.vector, Rawpixel.com,
Vectorpocket, Dgim-studio, Upklyak, Macrovector,
Stockgiu, Pikisuperstar & Freepik.com Designers

5 DICAS PARA COMEÇAR

1) CÓMO RESOLVER LAS SOPA DE LETRAS

Os puzzles têm um formato clássico:

- As palavras estão escondidas sem espaços ou hífenes,...
- Orientação: As palavras podem ser escritas para a frente, para trás, para cima, para baixo ou na diagonal (podem ser invertidas).
- As palavras podem sobrepor-se ou intersectar-se.

2) APRENDIZAGEM ACTIVA

Ao lado de cada palavra há um espaço para anotar a tradução. Para encorajar a aprendizagem activa, um **DICIONÁRIO** no final desta edição permitir-lhe-á verificar e expandir os seus conhecimentos. Procure e anote as traduções, encontre-as no puzzle e adicione-as ao seu vocabulário!

3) MARCAR AS PALAVRAS

Pode inventar o seu próprio sistema de marcação - talvez já use um? Pode também, por exemplo, marcar palavras difíceis de encontrar com uma cruz, palavras favoritas com uma estrela, palavras novas com um triângulo, palavras raras com um diamante, e assim por diante.

4) ESTRUTURANDO A APRENDIZAGEM

Esta edição oferece um **CADERNO DE NOTAS** prático no final do livro. Nas férias, em viagem ou em casa, pode facilmente organizar os seus novos conhecimentos sem a necessidade de um segundo caderno!

5) JÁ TERMINOU TODAS AS GRELHAS?

Nas últimas páginas deste livro, na secção **DESAFIO FINAL**, encontrará um jogo gratuito!

Rápido e fácil! Consulte a nossa colecção de livros de actividades para o seu próximo momento de diversão e **aprendizagem**, a apenas um clique de distância!

Encontre o seu próximo desafio em:

BestActivityBooks.com/MeuProximoLivro

Aos vossos lugares, preparem-se...Vão!

Sabia que existem cerca de 7.000 línguas diferentes no mundo? As palavras são preciosas.

Adoramos línguas e temos trabalhado arduamente para criar livros da mais alta qualidade para si. Os nossos ingredientes?

Uma selecção de tópicos adequados à aprendizagem, três boas porções de entretenimento, e depois acrescentamos uma colherada de palavras difíceis e uma pitada de palavras raras. Servimo-los com amor e máximo divertimento, para que possa resolver os melhores jogos de palavras e se divirta a aprender!

A sua opinião é essencial. Pode participar activamente no sucesso deste livro, deixando-nos um comentário. Gostaríamos de saber o que mais lhe agradou nesta edição.

Aqui está um link rápido para a sua página de encomendas:

BestBooksActivity.com/Avaliacoes50

Obrigado pela vossa ajuda e divirtam-se!

A Equipa Inteira

1 - Dirigindo

T	A	T	E	L	C	I	C	O	T	O	M	W	W	F
R	L	L	L	E	D	A	D	I	R	U	G	E	S	J
Á	I	C	C	N	O	P	L	A	N	O	T	A	E	P
F	C	A	O	Ú	D	A	A	L	S	H	H	V	O	Y
I	E	R	C	T	J	M	K	O	E	G	A	S	P	M
C	N	R	H	I	D	H	T	Z	N	M	T	I	E	P
O	C	E	E	U	F	H	A	M	O	T	O	R	L	R
S	I	T	S	P	O	L	I	C	Í	A	R	T	I	E
Q	A	E	L	B	I	T	S	U	B	M	O	C	G	C
I	I	R	Í	Í	H	R	M	O	G	Z	Í	S	R	A
M	K	A	E	T	R	O	P	S	N	A	R	T	O	U
O	X	Í	Y	F	R	F	H	K	K	E	L	Y	R	C
T	X	Z	U	X	A	D	Z	F	K	V	R	P	Q	I
V	H	S	G	V	K	Q	J	U	N	L	N	F	U	Ó
A	C	C	I	D	E	N	T	E	J	A	R	A	G	N

ACCIDENTE
COCHE
COMBUSTIBLE
PRECAUCIÓN
CARRETERA
FRENOS
GARAJE
GAS
LICENCIA
MAPA
MOTOCICLETA
MOTOR
PEATONAL
PELIGRO
POLICÍA
CALLE
SEGURIDAD
TRANSPORTE
TRÁFICO
TÚNEL

2 - Antiguidades

G	F	E	O	O	Y	O	M	T	A	H	D	J	I	T
A	V	O	L	P	G	C	O	W	T	T	É	M	N	L
L	A	U	S	U	N	I	N	M	S	I	C	E	V	R
E	L	M	B	H	H	T	E	B	A	R	A	S	E	R
R	V	K	M	M	G	N	D	M	B	N	D	T	R	A
Í	V	A	L	O	R	É	A	D	U	M	A	I	S	C
A	M	K	L	U	Z	T	S	M	S	E	S	L	I	A
C	I	R	Y	O	O	U	P	U	S	A	B	O	Ó	L
E	N	T	U	S	I	A	S	T	A	R	S	L	N	I
Q	I	D	L	J	K	C	C	E	O	T	I	V	E	D
Q	P	P	Q	Í	K	K	E	B	W	E	G	I	J	A
E	L	E	G	A	N	T	E	R	W	Y	L	E	P	D
E	S	C	U	L	T	U	R	A	P	Z	O	J	P	G
R	E	S	T	A	U	R	A	C	I	Ó	N	O	A	K
D	E	C	O	R	A	T	I	V	O	D	V	C	K	U

ARTE
AUTÉNTICO
DECORATIVO
DÉCADAS
ELEGANTE
ENTUSIASTA
ESCULTURA
ESTILO
GALERÍA
INUSUAL

INVERSIÓN
SUBASTA
MUEBLE
MONEDAS
PRECIO
CALIDAD
RESTAURACIÓN
SIGLO
VALOR
VIEJO

3 - Churrascos

P	O	L	L	O	W	X	N	N	M	U	T	G	W	K
J	A	E	Z	L	A	Í	L	T	Ú	Í	G	O	Í	T
W	L	N	P	W	Z	Í	X	Z	S	O	G	E	U	J
V	M	S	E	T	A	M	O	T	I	Q	S	U	X	T
E	U	A	T	U	R	F	P	O	C	V	F	L	I	O
R	E	L	S	M	A	T	N	Z	A	N	A	C	N	I
D	R	A	C	L	V	E	R	A	N	O	M	B	I	S
U	Z	D	U	L	A	T	N	E	I	M	I	P	Ñ	A
R	O	A	C	H	L	S	A	W	P	B	L	A	O	L
A	X	S	H	A	L	W	W	M	U	Y	I	Q	S	Í
S	B	D	I	M	I	E	L	R	G	U	A	J	K	X
N	F	D	L	B	R	A	J	D	U	U	X	N	S	X
Q	S	E	L	R	R	S	C	A	O	Q	Y	D	E	C
J	S	R	O	E	A	C	A	L	I	E	N	T	E	C
F	Q	E	S	B	P	Í	J	V	R	G	R	M	N	X

ALMUERZO
NIÑOS
CUCHILLOS
FAMILIA
HAMBRE
POLLO
FRUTA
PARRILLA
CENA
JUEGOS
VERDURAS
SALSA
MÚSICA
PIMIENTA
CALIENTE
SAL
ENSALADAS
TOMATES
VERANO

4 - Geologia

M	O	Y	S	Á	E	S	O	Y	S	E	O	V	Y	C
E	E	K	Y	A	C	D	O	O	I	S	F	O	A	U
S	M	V	S	P	L	I	G	I	I	T	S	L	J	A
E	H	Z	E	A	U	X	D	I	C	A	E	C	P	R
T	E	Y	L	C	B	U	K	O	E	L	L	Á	I	Z
A	E	F	A	C	O	R	A	L	R	A	A	N	E	O
B	V	K	T	B	H	C	N	L	O	C	R	C	D	I
Z	E	E	S	Í	C	H	O	Í	S	T	E	J	R	F
F	Ó	S	I	L	U	J	Z	L	I	I	N	X	A	G
T	E	R	R	E	M	O	T	O	Ó	T	I	E	C	V
L	Í	F	C	T	I	F	X	W	N	A	M	Z	Y	W
A	M	V	Z	G	C	O	N	T	I	N	E	N	T	E
V	E	S	T	A	L	A	G	M	I	T	A	S	P	I
A	A	V	Q	V	Y	C	S	N	S	M	A	S	F	T
C	A	V	E	R	N	A	D	F	F	M	I	G	E	W

ÁCIDO
CAPA
CAVERNA
CALCIO
CONTINENTE
CORAL
CRISTALES
EROSIÓN
ESTALACTITA
ESTALAGMITAS
FÓSIL
LAVA
MINERALES
PIEDRA
MESETA
CUARZO
SAL
TERREMOTO
VOLCÁN
ZONA

5 - Ética

Q	O	M	S	I	U	R	T	L	A	D	V	L	Y	C
N	Ó	I	C	A	R	E	P	O	O	C	P	G	P	L
B	L	B	Y	D	P	A	B	P	B	D	C	M	Í	V
F	E	D	S	C	Í	L	O	E	A	A	F	Í	T	P
I	R	N	N	L	D	I	N	M	Í	D	W	M	A	Y
L	A	Ó	E	A	R	S	D	A	D	I	N	G	I	D
O	Z	I	S	V	M	M	A	N	O	N	W	Z	C	A
S	O	S	W	B	O	O	D	Í	Z	A	V	R	N	D
O	N	A	G	F	B	L	S	G	D	M	Z	C	E	I
F	A	P	V	Z	I	Z	E	K	Q	U	T	C	I	R
Í	B	M	Q	G	V	S	N	N	U	H	M	I	C	G
A	L	O	O	M	S	I	M	I	T	P	O	K	A	E
R	E	C	V	A	L	O	R	E	S	E	Í	C	P	T
R	A	C	I	O	N	A	L	I	D	A	D	A	U	N
A	M	V	S	R	E	S	P	E	T	U	O	S	O	I

ALTRUISMO
BENEVOLENTE
BONDAD
COMPASIÓN
COOPERACIÓN
DIGNIDAD
FILOSOFÍA
HUMANIDAD
INTEGRIDAD
OPTIMISMO
PACIENCIA
RACIONALIDAD
RAZONABLE
REALISMO
RESPETUOSO
VALORES

6 - Tempo

M	A	N	T	E	S	S	D	W	S	Z	A	F	A	G
Y	O	H	S	H	Í	I	P	O	Z	M	Y	E	F	U
M	I	M	G	C	V	U	S	R	F	X	E	S	Í	O
O	R	T	E	O	Ñ	A	E	R	Y	F	R	Y	G	I
Z	A	Í	D	N	Y	S	M	M	D	E	R	Í	A	W
G	D	L	K	D	T	J	A	Í	D	O	I	D	E	M
Í	N	M	S	D	H	O	N	R	M	F	G	C	Z	P
E	E	H	N	A	U	L	A	T	O	I	Q	I	T	I
C	L	Q	T	A	H	E	N	F	L	H	N	Í	P	M
Í	A	R	O	H	A	R	A	U	G	P	Q	U	S	I
A	C	P	J	M	E	S	Ñ	T	I	D	J	R	T	A
N	D	É	C	A	D	A	A	U	S	Z	D	U	R	O
U	Q	L	Q	Í	R	R	M	R	V	I	S	R	F	N
A	H	B	S	V	I	I	O	O	U	L	F	V	Í	Y
L	N	K	Í	Í	B	M	U	Í	Í	P	D	E	A	M

AHORA
AÑO
ANTES
ANUAL
CALENDARIO
DÉCADA
DÍA
FUTURO
HOY
HORA
MAÑANA
MEDIODÍA
MES
MINUTO
MOMENTO
NOCHE
AYER
RELOJ
SEMANA
SIGLO

7 - Astronomia

A	S	T	R	Ó	N	O	M	O	T	Y	L	Í	F	C
U	V	H	Í	C	N	Ó	I	C	A	I	D	A	R	I
B	M	E	Y	X	A	J	H	A	K	V	E	P	G	E
L	U	N	A	N	E	B	U	L	O	S	A	R	Z	L
Q	L	V	A	F	T	E	T	I	S	Í	R	X	R	O
W	Í	G	D	T	E	U	X	L	O	F	O	M	F	A
P	M	G	C	X	H	C	W	A	L	K	L	G	Y	V
A	S	T	E	R	O	I	D	E	A	L	Q	F	B	O
D	W	W	V	K	C	R	M	P	R	L	E	I	V	N
N	T	B	O	I	C	C	O	N	I	U	Q	E	Z	R
C	O	S	M	O	S	Í	N	E	S	P	I	L	C	E
U	N	I	V	E	R	S	O	A	T	E	N	A	L	P
G	R	A	V	E	D	A	D	D	C	E	J	B	Q	U
Q	A	S	T	R	O	N	A	U	T	A	M	K	Í	S
R	P	C	O	N	S	T	E	L	A	C	I	Ó	N	J

ASTEROIDE
ASTRONAUTA
ASTRÓNOMO
CIELO
CONSTELACIÓN
COSMOS
ECLIPSE
EQUINOCCIO
COHETE
GRAVEDAD
LUNA
METEORO
NEBULOSA
PLANETA
RADIACIÓN
SOLAR
SUPERNOVA
TIERRA
UNIVERSO

8 - Acampamento

Í	Z	Z	A	G	O	V	T	C	G	W	C	T	U	A
X	B	C	L	V	D	D	M	A	J	N	A	A	P	V
F	U	E	G	O	X	B	G	O	I	A	R	H	G	E
C	A	B	I	N	A	A	K	S	N	D	P	I	K	N
I	N	S	E	C	T	O	Q	E	A	T	A	A	E	T
X	R	E	U	C	C	S	G	L	Z	K	A	P	S	U
K	P	L	Q	A	U	O	C	A	E	X	P	Ñ	N	R
H	E	O	S	N	E	M	N	M	L	O	A	I	A	A
E	X	B	O	O	R	B	Z	I	A	G	M	R	L	K
I	E	R	B	A	D	R	I	N	R	D	E	X	U	T
D	Q	Á	W	T	A	E	U	A	U	V	Q	U	J	I
C	A	Z	A	Y	D	R	L	Y	T	Í	U	G	Ú	K
H	A	M	A	C	A	O	K	U	A	R	I	Q	R	O
Q	O	H	F	J	V	O	T	Y	N	R	P	C	B	E
V	Z	H	Í	H	M	X	O	S	S	A	O	Q	K	T

ANIMALES
AVENTURA
ÁRBOLES
BRÚJULA
CABINA
CAZA
CANOA
SOMBRERO
CUERDA
EQUIPO
BOSQUE
FUEGO
INSECTO
LAGO
LUNA
HAMACA
MAPA
MONTAÑA
NATURALEZA
CARPA

9 - Emoções

T	T	B	V	B	C	O	N	T	E	N	I	D	O	J
E	I	X	O	O	S	A	T	I	S	F	E	C	H	O
R	N	L	Í	N	U	S	B	U	D	C	A	L	M	A
N	R	L	O	D	E	I	M	V	A	R	I	J	C	Í
U	A	Í	T	A	P	M	I	S	D	O	V	T	V	R
R	Y	I	Q	D	A	Z	O	Y	I	M	N	D	L	G
A	P	J	O	U	Y	Q	Y	C	L	A	X	F	H	E
H	Í	G	H	T	C	Q	K	E	I	P	I	F	B	L
B	E	C	P	I	C	U	Q	B	U	O	P	D	I	A
A	F	S	E	T	F	A	Í	S	Q	X	N	A	S	H
L	H	U	C	A	E	K	W	R	N	Q	N	A	Z	B
O	D	I	C	E	D	A	R	G	A	Y	I	L	D	G
Y	M	G	L	B	D	U	C	D	R	Í	Q	G	B	O
R	E	L	A	J	A	D	O	R	T	Y	N	I	V	M
A	B	U	R	R	I	M	I	E	N	T	O	T	Q	I

ALEGRÍA
AMOR
EMOCIONADO
BEATITUD
BONDAD
CALMA
CONTENIDO
AGRADECIDO
MIEDO
PAZ
IRA
RELAJADO
SATISFECHO
SIMPATÍA
TERNURA
ABURRIMIENTO
TRANQUILIDAD

10 - Ficção Científica

A	T	S	I	R	U	T	U	F	G	R	T	D	P	R
I	H	R	N	Ó	I	S	O	L	P	X	E	I	L	O
X	L	L	B	X	B	M	F	I	C	F	H	S	A	B
A	R	U	Z	E	T	N	A	T	S	I	D	T	N	O
L	U	I	S	K	L	Í	O	G	E	U	F	O	E	T
A	M	R	Z	I	W	I	O	D	I	N	P	P	T	S
G	W	R	N	T	Ó	A	B	Z	E	N	U	Í	A	I
U	T	O	P	Í	A	N	E	R	U	M	A	A	J	K
I	S	O	R	Á	C	U	L	O	O	Y	I	R	R	Q
T	E	C	N	O	L	O	G	Í	A	S	C	M	I	W
A	T	Ó	M	I	C	O	M	E	R	T	X	E	Í	O
F	A	N	T	Á	S	T	I	C	O	C	F	Y	X	C
M	U	N	D	O	S	O	I	R	E	T	S	I	M	I
T	S	V	X	K	Í	X	E	S	Y	C	Y	Z	G	N
J	G	J	G	R	P	Y	P	E	Y	G	J	C	G	E

ATÓMICO
CINE
DISTANTE
DISTOPÍA
EXPLOSIÓN
EXTREMO
FANTÁSTICO
FUEGO
FUTURISTA
GALAXIA
ILUSIÓN
IMAGINARIO
LIBROS
MISTERIOSO
MUNDO
ORÁCULO
PLANETA
ROBOTS
TECNOLOGÍA
UTOPÍA

11 - Mitologia

Z	L	C	R	E	A	C	I	Ó	N	O	J	D	D	X
L	E	G	G	H	O	P	I	T	E	U	Q	R	A	N
Z	Y	V	E	N	G	A	N	Z	A	R	E	F	I	C
S	E	A	C	K	L	U	G	Z	I	T	R	F	O	J
M	N	Q	L	X	E	R	T	S	A	S	E	D	T	K
C	D	R	A	Y	O	G	P	X	Z	N	X	U	N	H
G	A	D	A	D	I	L	A	T	R	O	M	N	I	E
M	U	J	N	S	O	L	E	C	E	M	E	I	R	R
Á	M	E	W	I	Y	Z	B	Y	U	M	G	Í	E	O
G	E	O	R	É	H	I	H	X	F	L	G	S	B	Í
I	V	N	R	R	X	U	F	F	R	F	T	G	A	N
C	Y	E	Y	T	E	Z	B	F	Q	Z	M	U	L	A
O	J	U	G	T	A	R	U	T	A	I	R	C	R	L
G	D	R	S	C	U	L	O	F	A	C	Í	T	E	A
Q	A	T	I	Í	T	R	I	U	N	F	A	N	T	E

ARQUETIPO
CELOS
CREACIÓN
CRIATURA
CULTURA
DESASTRE
FUERZA
GUERRERO
HEROÍNA
HÉROE
INMORTALIDAD
LABERINTO
LEYENDA
MÁGICO
MONSTRUO
MORTAL
RAYO
TRIUNFANTE
TRUENO
VENGANZA

12 - Medições

P	K	V	J	L	O	N	Z	A	Í	M	K	Z	H	G
D	E	T	K	C	E	N	T	Í	M	E	T	R	O	R
J	D	S	V	O	L	U	M	E	N	U	T	O	R	A
Q	D	G	O	M	B	A	Í	P	F	H	O	L	T	D
L	I	T	R	O	Y	M	N	X	G	D	N	L	E	O
R	R	Z	U	J	T	A	Z	C	J	C	E	N	M	M
T	C	Y	G	J	E	P	K	W	H	K	L	Í	D	A
U	N	P	A	D	A	G	L	U	P	O	A	A	E	R
P	R	O	F	U	N	D	I	D	A	D	D	L	C	G
J	K	T	M	T	E	V	A	T	W	M	A	T	I	O
B	G	U	G	I	I	O	E	E	U	T	B	U	M	L
M	B	N	B	G	M	U	I	C	H	P	X	R	A	I
J	K	I	V	N	Í	U	G	R	A	M	O	A	L	K
I	J	M	B	O	W	R	M	A	S	A	J	W	N	Z
R	N	W	N	L	K	I	L	Ó	M	E	T	R	O	L

ALTURA
BYTE
CENTÍMETRO
LONGITUD
DECIMAL
GRAMO
GRADO
ANCHO
LITRO
MASA
METRO
MINUTO
ONZA
PESO
PULGADA
PROFUNDIDAD
KILOGRAMO
KILÓMETRO
TONELADA
VOLUMEN

13 - Álgebra

P	S	V	F	O	H	S	E	F	B	F	O	I	C	E
A	Q	O	J	R	J	D	D	E	I	N	A	N	A	C
R	N	R	L	I	A	T	S	E	R	S	E	F	N	U
É	Í	E	S	U	Í	C	A	M	U	S	Í	I	T	A
N	Z	M	H	D	C	K	C	L	T	A	W	N	I	C
T	I	Ú	K	S	L	I	F	I	U	V	V	I	D	I
E	L	N	W	Y	I	O	Ó	L	Ó	M	A	T	A	Ó
S	A	H	C	E	N	S	R	N	X	N	R	O	D	N
I	R	E	A	M	E	L	B	O	R	P	I	Ó	H	H
S	D	D	B	Í	A	A	M	U	D	L	A	H	F	S
R	B	G	U	J	L	F	M	F	V	X	B	J	D	M
E	X	P	O	N	E	N	T	E	S	W	L	E	Z	R
D	I	A	G	R	A	M	A	J	J	N	E	Q	J	R
M	A	T	R	I	Z	N	N	L	F	A	C	T	O	R
S	I	M	P	L	I	F	I	C	A	R	C	E	R	O

DIAGRAMA
ECUACIÓN
EXPONENTE
FALSO
FACTOR
FÓRMULA
FRACCIÓN
INFINITO
LINEAL
MATRIZ
NÚMERO
PARÉNTESIS
PROBLEMA
CANTIDAD
SIMPLIFICAR
SOLUCIÓN
SUMA
RESTA
VARIABLE
CERO

14 - Plantas

F	L	O	R	A	J	O	H	F	H	M	I	F	C	N
A	R	B	U	S	T	O	P	B	O	J	Z	Y	B	Ó
B	O	I	L	T	F	F	J	É	O	L	J	C	A	I
R	L	P	R	S	F	Z	G	Í	T	S	L	Z	Y	C
E	F	H	I	E	D	R	A	T	X	A	Q	A	A	A
I	E	S	W	R	G	Y	L	A	H	T	L	U	J	T
H	U	U	H	L	T	U	N	Á	P	E	L	O	E	E
B	O	T	Á	N	I	C	A	R	E	K	M	W	M	G
I	J	C	P	U	N	T	B	B	L	F	N	M	Q	E
G	H	A	Z	Í	M	M	A	O	K	Í	H	L	A	V
L	B	C	Q	F	S	U	M	L	L	P	L	Z	V	L
F	R	I	J	O	L	S	B	J	A	R	D	Í	N	A
R	U	H	Y	M	V	G	Ú	D	U	K	H	A	P	K
P	A	G	D	L	Y	O	O	C	G	D	N	R	H	M
F	E	R	T	I	L	I	Z	A	N	T	E	Í	Z	E

ARBUSTO
ÁRBOL
BAYA
BAMBÚ
BOTÁNICA
CACTUS
HIERBA
FRIJOL
FERTILIZANTE
FLOR
FLORA
BOSQUE
HOJA
FOLLAJE
HIEDRA
JARDÍN
MUSGO
PÉTALO
RAÍZ
VEGETACIÓN

15 - Veículos

M	N	E	U	M	Á	T	I	C	O	S	H	L	S	T
O	B	W	N	O	I	M	D	Y	D	R	A	C	U	A
T	X	H	E	L	I	C	Ó	P	T	E	R	O	B	M
O	K	I	C	Í	O	W	Í	B	C	B	O	R	M	B
R	L	X	H	O	V	J	F	A	A	I	T	T	A	U
N	L	A	C	W	H	A	T	R	M	C	C	E	R	L
M	X	T	N	A	S	E	D	C	I	I	A	M	I	A
M	Í	G	D	Z	R	J	T	O	Ó	C	R	T	N	N
C	O	C	H	E	A	A	N	E	N	L	T	J	O	C
E	N	J	R	A	B	D	V	D	T	E	Q	J	R	I
F	D	D	W	V	U	D	E	A	M	T	J	A	B	A
O	B	B	C	I	M	L	X	R	N	A	J	G	A	Y
T	E	Z	J	Ó	R	Q	L	W	A	A	D	I	L	Í
F	I	D	S	N	A	U	T	O	B	Ú	S	V	S	D
F	E	R	R	Y	S	C	O	O	T	E	R	A	A	X

AMBULANCIA
AVIÓN
FERRY
BARCO
BICICLETA
CAMIÓN
CARAVANA
COCHE
COHETE
HELICÓPTERO
BALSA
SCOOTER
METRO
MOTOR
AUTOBÚS
NEUMÁTICOS
SUBMARINO
TAXI
LANZADERA
TRACTOR

16 - Engenharia

E	E	N	E	R	G	Í	A	T	F	E	D	P	C	D
J	S	C	I	L	T	G	O	M	F	S	I	R	O	I
E	P	T	A	O	D	O	N	Á	Q	T	S	O	N	M
O	I	O	R	L	I	S	Ó	Q	L	A	T	F	S	E
D	F	U	O	U	W	O	I	U	R	B	R	U	T	N
Á	D	Y	T	C	C	R	S	I	D	I	I	N	R	S
M	N	O	O	L	P	T	L	N	S	L	B	D	U	I
R	E	G	M	Á	W	E	U	A	A	I	U	I	C	O
D	W	D	U	C	Í	M	P	R	M	D	C	D	C	N
Í	T	D	I	L	B	Á	O	D	A	A	I	A	I	E
J	H	I	J	C	O	I	R	T	R	D	Ó	D	Ó	S
S	I	E	U	C	I	D	P	M	G	O	N	U	N	Z
P	Q	S	O	G	O	Ó	C	R	A	Z	R	E	U	F
Í	L	E	Y	A	I	B	N	Ó	I	C	C	I	R	F
Y	Í	L	P	Z	M	P	H	O	D	I	U	Q	Í	L

FRICCIÓN
ÁNGULO
CÁLCULO
CONSTRUCCIÓN
DIAGRAMA
DIÁMETRO
DIESEL
DIMENSIONES
DISTRIBUCIÓN
EJE
ENERGÍA
ESTABILIDAD
ESTRUCTURA
FUERZA
LÍQUIDO
MÁQUINA
MEDICIÓN
MOTOR
PROFUNDIDAD
PROPULSIÓN

17 - Restaurante # 2

B	E	B	I	D	A	P	T	Y	G	W	S	T	X	R
T	Í	X	C	C	U	C	H	A	R	A	I	C	Y	X
O	G	A	D	A	L	A	S	N	E	V	L	P	H	E
M	N	W	P	P	A	S	T	E	L	F	L	D	Í	I
D	Q	K	D	E	S	P	K	R	G	T	A	I	Q	D
Z	M	E	O	Z	R	E	U	M	L	A	T	Y	W	A
V	O	S	O	I	C	I	L	E	D	T	C	V	D	G
S	O	O	Y	H	S	J	T	C	E	U	H	E	Y	U
O	Z	E	S	T	U	C	M	I	X	R	F	P	N	A
P	Q	D	F	S	E	Q	K	Z	V	F	L	E	W	A
A	H	I	A	J	N	N	R	E	V	O	H	S	Y	Y
U	G	F	H	R	L	Y	E	Í	E	D	I	C	L	N
C	A	M	A	R	E	R	O	D	X	E	E	A	J	W
E	S	P	E	C	I	A	S	J	O	U	L	D	R	C
V	E	R	D	U	R	A	S	M	W	R	O	O	F	S

ALMUERZO
APERITIVO
AGUA
BEBIDA
PASTEL
SILLA
CUCHARA
DELICIOSO
ESPECIAS
FRUTA
CAMARERO
TENEDOR
HIELO
CENA
VERDURAS
FIDEOS
PESCADO
SAL
ENSALADA
SOPA

18 - Países #2

N	G	H	G	L	W	X	U	A	I	C	T	K	Y	Q
I	D	F	J	A	G	A	C	L	N	J	A	P	Ó	N
G	J	I	I	O	D	H	R	B	D	S	I	R	I	A
E	W	V	N	S	Y	U	A	A	O	N	A	B	Í	L
R	Q	O	Á	A	Y	G	N	N	N	L	S	U	M	N
I	F	W	T	F	M	Y	I	I	E	R	O	C	Q	X
A	R	F	S	C	R	A	A	A	S	U	M	H	H	C
H	A	B	I	P	C	D	R	B	I	S	A	O	A	X
F	N	J	K	V	B	N	T	C	A	I	L	A	I	Y
G	C	W	A	R	N	A	R	K	A	A	I	H	T	Í
P	I	P	P	M	Q	L	W	Í	T	I	A	O	Í	X
N	A	Q	R	G	A	R	G	R	E	C	I	A	A	N
U	G	A	N	D	A	I	N	E	P	A	L	T	H	F
M	Y	H	Í	C	F	O	C	I	X	É	M	Í	A	F
Z	N	L	B	B	W	G	N	A	D	Í	C	X	Z	C

ALBANIA
DINAMARCA
FRANCIA
GRECIA
HAITÍ
INDONESIA
IRLANDA
JAMAICA
JAPÓN
LAOS
LÍBANO
MÉXICO
NEPAL
NIGERIA
PAKISTÁN
RUSIA
SIRIA
SOMALIA
UCRANIA
UGANDA

19 - Cozinha

R	Y	Í	P	A	R	R	I	L	L	A	P	S	D	H
E	E	X	Q	S	E	R	O	D	E	N	E	T	H	O
S	Z	F	U	H	M	T	A	Z	Ó	N	B	W	V	R
P	U	N	R	C	O	N	G	E	L	A	D	O	R	N
O	Q	X	Í	I	C	C	U	C	H	A	R	Ó	N	O
N	Z	D	K	F	G	E	S	P	E	C	I	A	S	X
J	U	H	F	A	T	E	L	L	I	V	R	E	S	C
A	X	K	F	X	L	D	R	S	G	X	B	X	A	U
P	A	L	I	L	L	O	S	A	T	E	C	E	R	C
T	C	A	L	D	E	R	A	Z	D	H	G	J	A	H
P	A	X	R	L	C	T	W	A	F	O	Q	A	H	I
S	N	R	D	E	L	A	N	T	A	L	R	R	C	L
C	O	X	R	B	V	K	W	A	F	Q	V	R	U	L
L	K	O	O	O	G	G	M	S	M	Y	K	A	C	O
K	B	N	U	J	P	B	U	O	K	O	G	X	S	S

DELANTAL
CALDERA
CUCHARAS
COMER
CUCHARÓN
TAZAS
ESPECIAS
ESPONJA
CUCHILLOS
HORNO
CONGELADOR
TENEDORES
REFRIGERADOR
PARRILLA
SERVILLETA
TARRO
JARRA
PALILLOS
RECETA
TAZÓN

20 - Material de Arte

A	S	A	M	C	M	H	S	D	C	C	C	U	O	L
R	N	R	D	O	D	Í	F	W	A	A	S	E	M	Á
C	Z	Ó	U	L	F	F	W	U	B	B	A	G	P	P
I	H	B	B	O	I	S	J	M	A	A	L	T	E	I
L	Z	Z	Q	R	S	I	L	L	A	L	E	I	G	C
L	A	P	D	E	A	B	G	L	D	L	R	N	A	E
A	A	O	Q	S	H	C	C	M	X	E	A	T	M	S
B	O	R	R	A	D	O	R	E	Q	T	U	A	E	C
P	A	P	E	L	C	F	B	F	P	E	C	L	N	Á
A	C	R	Í	L	I	C	O	U	A	I	A	Z	T	M
C	R	E	A	T	I	V	I	D	A	D	L	C	O	A
S	A	C	E	I	T	E	M	X	A	Y	W	L	F	R
P	A	S	T	E	L	E	S	E	Q	Q	Y	F	O	A
P	I	N	T	U	R	A	S	P	N	Í	E	L	R	S
K	X	N	Í	X	A	G	U	A	F	M	R	Y	C	S

ACRÍLICO
BORRADOR
ACUARELAS
ARCILLA
AGUA
SILLA
CARBÓN
CABALLETE
CÁMARA
PEGAMENTO
COLORES
CREATIVIDAD
CEPILLOS
LÁPICES
MESA
ACEITE
PAPEL
PASTELES
TINTA
PINTURAS

21 - Números

C	E	R	O	U	B	A	N	C	N	D	D	X	A	A
K	N	H	L	Z	E	Z	G	C	S	I	E	S	S	C
C	W	A	B	N	Z	D	P	L	P	E	T	E	I	S
V	R	D	W	U	S	O	C	N	I	C	O	C	É	E
E	L	U	Q	O	M	M	C	S	Q	I	C	E	S	R
Z	N	N	G	D	C	G	Q	H	Q	S	B	R	I	T
J	B	O	Z	L	W	N	V	B	O	I	O	T	C	R
P	C	V	H	A	V	Y	V	P	K	E	V	D	E	B
M	O	Q	E	M	G	E	C	R	O	T	A	C	I	F
N	B	A	C	I	C	W	F	T	C	E	C	O	D	S
Z	Q	W	N	C	N	B	T	E	K	V	E	R	D	K
L	K	E	I	E	K	T	X	K	J	E	A	T	I	Í
X	N	L	U	D	D	N	E	E	M	U	X	A	E	Z
N	P	I	Q	N	C	A	U	Y	R	N	V	U	Z	L
Í	Í	I	N	I	X	D	I	E	C	I	O	C	H	O

CINCO
DECIMAL
DIEZ
DIECISÉIS
DIECISIETE
DIECIOCHO
DOS
DOCE
NUEVE
OCHO
CATORCE
CUATRO
QUINCE
SEIS
SIETE
TRECE
TRES
UNO
VEINTE
CERO

22 - Física

K	G	C	L	P	M	O	E	A	Q	T	A	C	M	U
F	A	M	E	B	R	A	E	L	C	U	N	S	E	N
C	S	M	B	O	D	G	G	Y	P	K	I	Y	C	I
P	F	O	C	C	A	X	U	N	E	R	A	I	Á	V
D	E	N	S	I	D	A	D	P	E	O	X	H	N	E
F	G	Ó	P	M	I	L	K	V	Y	T	P	W	I	R
R	R	I	A	Í	V	U	D	R	V	O	I	L	C	S
E	A	C	R	U	I	C	D	C	N	M	N	S	A	A
C	V	A	T	Q	T	É	N	L	Ó	W	M	O	M	L
U	E	R	Í	V	A	L	U	M	R	Ó	F	A	Í	O
E	D	E	C	R	L	O	M	O	T	Á	M	C	S	S
N	A	L	U	B	E	M	U	J	C	S	Y	U	Q	A
C	D	E	L	M	R	I	Í	I	E	G	Í	M	T	Í
I	C	C	A	E	K	H	H	X	L	U	H	X	V	H
A	O	A	J	T	L	R	R	B	E	F	N	O	U	J

ACELERACIÓN
ÁTOMO
CAOS
DENSIDAD
ELECTRÓN
FÓRMULA
FRECUENCIA
GAS
GRAVEDAD
MAGNETISMO
MASA
MECÁNICA
MOLÉCULA
MOTOR
NUCLEAR
PARTÍCULA
QUÍMICO
RELATIVIDAD
UNIVERSAL

23 - Especiarias

A	X	F	A	J	F	T	T	U	J	R	W	D	P	T
T	Z	F	G	G	D	F	A	T	N	E	I	M	I	P
P	Q	A	M	E	R	E	R	B	I	G	N	E	J	U
T	S	W	F	E	G	I	I	O	J	A	H	I	H	G
E	G	Z	W	R	M	S	O	J	P	L	F	P	S	C
D	U	L	C	E	Á	Í	M	O	X	I	N	B	A	A
C	O	M	I	N	O	N	O	N	A	Z	W	N	B	N
S	A	L	L	Q	R	A	M	I	C	M	Q	F	O	E
V	A	I	N	I	L	L	A	H	I	X	A	Q	R	L
C	U	R	R	Y	Z	T	D	B	L	H	M	R	S	A
F	I	F	L	V	V	V	R	W	A	C	F	Y	G	G
I	C	Q	S	W	D	M	A	S	N	K	D	C	X	O
M	O	V	R	F	V	N	C	K	T	G	R	V	P	Q
R	D	M	I	M	R	R	I	C	R	G	C	W	G	T
G	X	C	E	B	O	L	L	A	O	O	N	R	K	C

AZAFRÁN
REGALIZ
AJO
AMARGO
ANÍS
AGRIO
VAINILLA
CANELA
CARDAMOMO
CURRY
CEBOLLA
CILANTRO
COMINO
DULCE
HINOJO
JENGIBRE
PIMIENTA
SABOR
SAL

24 - Países #1

F	P	E	G	I	P	T	O	T	R	M	A	F	Z	O
M	I	O	Q	C	E	T	B	I	E	A	L	X	D	P
I	A	N	L	E	A	R	S	I	N	R	E	J	Í	Í
V	K	L	L	O	L	P	E	X	M	R	M	A	L	D
J	H	Y	Í	A	N	X	O	K	A	U	A	H	I	K
E	K	X	N	D	N	I	L	A	G	E	N	E	S	N
I	T	A	L	I	A	D	A	R	V	C	I	N	A	I
C	A	N	A	D	Á	I	I	I	Q	O	A	O	R	C
P	A	N	A	M	Á	Q	D	A	E	S	Ñ	R	B	A
X	C	B	K	R	P	O	N	P	S	V	A	U	I	R
Q	Í	N	I	M	Í	S	I	S	J	S	P	E	J	A
J	T	L	E	C	U	A	D	O	R	Í	S	G	I	G
V	E	N	E	Z	U	E	L	A	S	R	E	A	I	U
B	Í	C	N	K	V	X	Í	V	N	L	J	Í	O	A
F	C	A	M	B	O	Y	A	T	T	R	B	C	R	Y

ALEMANIA
BRASIL
CAMBOYA
CANADÁ
EGIPTO
ECUADOR
ESPAÑA
FINLANDIA
IRAK
ISRAEL
ITALIA
INDIA
MALÍ
MARRUECOS
NICARAGUA
NORUEGA
PANAMÁ
POLONIA
SENEGAL
VENEZUELA

25 - A Mídia

F	Í	J	P	N	T	S	U	Q	L	I	Q	E	E	O
H	O	C	I	L	B	Ú	P	M	R	C	N	E	N	P
D	E	T	S	K	D	I	I	D	D	K	Ó	G	L	I
C	I	C	O	L	B	V	Í	A	F	G	I	O	Í	N
O	A	G	H	S	E	D	U	T	I	T	C	A	N	I
M	Í	K	I	O	J	E	U	J	S	S	A	I	E	Ó
E	S	P	U	T	S	R	A	D	I	O	C	R	A	N
R	N	Ó	I	C	A	C	U	D	E	Y	I	T	L	Ó
C	H	J	Y	R	B	L	A	C	O	L	N	S	P	I
I	P	E	R	I	Ó	D	I	C	O	S	U	U	T	C
A	T	E	L	E	V	I	S	I	Ó	N	M	D	I	I
L	A	U	D	I	V	I	D	N	I	R	O	N	E	D
I	N	T	E	L	E	C	T	U	A	L	C	I	W	E
F	I	N	A	N	C	I	A	C	I	Ó	N	U	Z	Y
B	Q	R	L	P	T	Y	M	N	S	M	V	L	S	H

ACTITUDES
COMERCIAL
COMUNICACIÓN
DIGITAL
EDICIÓN
EDUCACIÓN
HECHOS
FINANCIACIÓN
FOTOS
INDIVIDUAL
INDUSTRIA
INTELECTUAL
PERIÓDICOS
LOCAL
EN LÍNEA
OPINIÓN
PÚBLICO
RADIO
RED
TELEVISIÓN

26 - Casa

F	E	F	U	Q	E	L	T	T	Z	X	T	U	V	D
W	K	O	X	X	J	V	B	A	Ñ	O	N	O	A	C
C	O	C	I	N	A	E	N	E	M	I	H	C	L	E
J	O	F	I	R	G	Í	T	Q	G	Z	E	I	L	S
V	J	Y	M	S	U	I	M	P	J	A	H	T	A	C
D	E	R	A	P	A	E	U	K	N	L	R	Á	R	O
Q	P	N	Ó	I	C	A	T	I	B	A	H	A	H	B
R	S	L	T	A	L	F	O	M	B	R	A	U	J	A
N	E	J	L	A	J	A	R	D	Í	N	I	E	P	E
L	L	Q	R	A	N	Y	P	C	G	I	N	M	O	F
L	I	X	L	T	V	A	M	P	U	E	R	T	A	D
M	A	Q	W	A	C	E	T	O	I	L	B	I	B	U
M	U	E	B	L	E	Y	S	G	H	M	F	C	D	C
S	C	C	E	Z	R	F	G	W	P	Q	E	F	A	H
C	O	R	T	I	N	A	S	K	W	R	P	H	O	A

BAÑO
BIBLIOTECA
VALLA
LLAVES
DUCHA
CORTINAS
COCINA
ESPEJO
GARAJE
VENTANA
JARDÍN
CHIMENEA
MUEBLE
PARED
PUERTA
HABITACIÓN
ÁTICO
ALFOMBRA
GRIFO
ESCOBA

27 - Vegetais

Z	S	E	F	E	W	L	Í	Q	S	U	P	W	W	B
L	M	Q	A	E	T	O	L	A	H	C	W	C	P	R
A	V	Q	I	Q	S	C	T	O	M	A	T	E	A	Ó
N	A	H	R	L	Z	P	A	Z	C	V	Q	V	T	C
B	C	P	O	I	P	A	I	L	E	L	U	M	A	O
R	Í	O	H	I	Í	D	O	N	A	B	Á	R	T	L
A	L	C	A	C	H	O	F	A	A	B	Y	K	A	I
O	M	Z	N	J	Z	B	H	E	J	C	A	E	P	D
S	E	T	A	F	E	A	I	D	P	Z	A	Z	G	G
V	F	Z	Z	F	O	N	I	P	E	P	Z	S	A	N
X	N	Z	K	E	D	U	G	P	E	R	E	J	I	L
G	U	I	S	A	N	T	E	I	F	L	W	N	F	M
M	K	Y	Í	G	A	L	L	O	B	E	C	A	J	O
B	E	R	E	N	J	E	N	A	I	R	A	M	J	N
E	N	S	A	L	A	D	A	V	U	H	E	J	Í	Y

CALABAZA
APIO
ALCACHOFA
AJO
PATATA
BERENJENA
BRÓCOLI
CEBOLLA
ZANAHORIA
CHALOTE
SETA
GUISANTE
ESPINACAS
JENGIBRE
NABO
PEPINO
RÁBANO
ENSALADA
PEREJIL
TOMATE

28 - Balé

C	F	P	X	Z	N	X	T	E	N	S	A	Y	O	A
I	O	O	R	Q	U	E	S	T	A	T	C	A	T	G
N	A	M	A	C	I	T	C	Á	R	P	I	B	S	R
T	R	E	P	P	V	P	Z	F	L	Y	S	D	E	A
E	T	X	H	O	L	O	S	O	W	H	Ú	P	G	C
N	Í	P	O	A	S	A	R	W	F	R	M	L	Y	I
S	S	R	G	M	B	I	U	R	I	T	M	O	W	A
I	T	E	Z	O	L	I	T	S	E	W	M	G	F	D
D	I	S	B	I	Q	Z	L	O	O	R	W	I	K	O
A	C	I	C	I	S	E	N	I	R	A	L	I	A	B
D	O	V	C	Z	O	P	T	U	D	B	S	V	U	M
P	O	O	S	O	L	F	U	B	K	A	G	N	B	J
B	A	I	L	A	R	I	N	A	V	M	D	L	B	Q
A	U	D	I	E	N	C	I	A	C	I	N	C	É	T
C	O	R	E	O	G	R	A	F	Í	A	G	Y	O	V

APLAUSO
ARTÍSTICO
BAILARINA
COMPOSITOR
COREOGRAFÍA
BAILARINES
ENSAYO
ESTILO
EXPRESIVO
GESTO
AGRACIADO
HABILIDAD
INTENSIDAD
MÚSICA
ORQUESTA
PRÁCTICA
AUDIENCIA
RITMO
SOLO
TÉCNICA

29 - Adjetivos #1

V	X	S	N	Q	G	O	S	O	R	E	N	E	G	P
A	R	T	Í	S	T	I	C	O	S	S	M	D	Z	I
M	I	S	T	E	R	I	O	S	O	C	E	F	I	Í
A	R	O	M	Á	T	I	C	O	Y	M	U	R	C	O
Í	U	L	E	N	T	O	N	E	N	O	F	R	I	Z
O	D	E	L	G	A	D	A	T	Q	E	E	Y	O	O
F	D	C	B	Í	N	J	Z	N	H	S	A	W	N	X
O	V	I	T	C	A	R	T	A	O	S	D	Q	R	P
A	B	S	O	L	U	T	O	T	C	E	F	R	E	P
X	K	T	V	B	Q	L	T	R	I	M	Q	L	D	P
S	J	U	Í	F	X	L	S	O	T	R	V	O	O	E
E	X	Ó	T	I	C	O	E	P	N	O	U	X	M	S
A	W	G	Z	N	C	L	N	M	É	N	G	M	K	A
V	A	L	I	O	S	O	O	I	D	E	Z	R	A	D
G	R	A	N	D	E	J	H	L	I	R	Q	O	U	O

ABSOLUTO
AROMÁTICO
ARTÍSTICO
ATRACTIVO
ENORME
OSCURO
EXÓTICO
DELGADA
GENEROSO
GRANDE
HONESTO
IDÉNTICO
IMPORTANTE
LENTO
MISTERIOSO
MODERNO
PERFECTO
PESADO
SERIO
VALIOSO

30 - Psicologia

I	C	P	E	N	S	A	M	I	E	N	T	O	S	C
X	N	O	S	E	N	S	A	C	I	Ó	N	E	F	O
C	D	F	G	E	M	O	C	I	O	N	E	S	Z	N
I	D	Y	L	N	X	A	M	E	L	B	O	R	P	F
T	H	N	A	U	I	X	Y	N	B	Y	C	J	E	L
A	X	B	P	J	E	C	C	W	R	U	L	D	R	I
A	I	C	N	A	F	N	I	J	K	M	Í	A	S	C
E	G	D	O	E	Z	F	C	Ó	H	H	N	D	O	T
M	G	G	Z	F	E	U	R	I	N	T	I	I	N	O
Z	S	O	Ñ	E	U	S	C	Y	A	T	C	L	A	N
E	V	A	L	U	A	C	I	Ó	N	S	O	A	L	B
S	U	B	C	O	N	S	C	I	E	N	T	E	I	A
P	E	R	C	E	P	C	I	Ó	N	Í	U	R	D	Q
W	I	N	C	O	N	S	C	I	E	N	T	E	A	C
E	X	P	E	R	I	E	N	C	I	A	S	R	D	J

EVALUACIÓN
CLÍNICO
COGNICIÓN
CITA
CONFLICTO
EGO
EMOCIONES
EXPERIENCIAS
INCONSCIENTE
INFANCIA
INFLUENCIAS
PENSAMIENTOS
PERCEPCIÓN
PERSONALIDAD
PROBLEMA
REALIDAD
SENSACIÓN
SUEÑOS
SUBCONSCIENTE

31 - Paisagens

Y	I	G	R	E	B	E	C	I	W	S	P	M	F	N
U	S	I	S	A	O	N	A	T	N	A	P	O	Í	R
F	U	Q	F	N	M	M	S	L	A	G	O	N	C	A
T	U	N	D	R	A	U	C	E	V	K	R	T	O	Í
R	C	M	Q	Y	R	S	A	D	E	A	Y	A	L	P
B	G	J	J	C	H	J	D	Q	U	H	D	Ñ	I	K
G	M	N	R	O	C	Z	A	L	C	C	I	A	N	O
O	L	P	E	N	Í	N	S	U	L	A	W	Í	A	T
C	Í	A	J	K	I	H	D	V	I	N	N	I	N	R
É	F	N	C	B	K	I	P	G	Q	I	Í	S	N	E
A	M	W	D	I	S	A	O	I	K	O	U	L	Á	I
N	H	O	D	X	A	H	A	Í	A	A	F	A	C	S
O	K	E	Í	C	G	R	A	D	Í	V	A	L	L	E
K	T	D	H	F	N	V	A	C	D	T	Y	Z	O	D
G	G	T	Z	G	T	E	K	S	K	P	P	G	V	G

CASCADA
CUEVA
COLINA
DESIERTO
GLACIAR
GOLFO
ICEBERG
ISLA
LAGO
MAR
MONTAÑA
OASIS
OCÉANO
PANTANO
PENÍNSULA
PLAYA
RÍO
TUNDRA
VALLE
VOLCÁN

32 - Dança

T	E	V	Q	V	C	U	E	R	P	O	O	D	U	E
J	R	A	C	A	D	E	M	I	A	B	V	M	W	M
I	G	A	K	E	X	P	R	E	S	I	V	O	V	O
Í	E	R	D	M	O	V	I	M	I	E	N	T	O	C
N	L	U	F	I	A	X	W	D	H	L	M	H	L	I
C	A	T	E	I	C	O	E	G	R	A	C	I	A	Ó
X	R	L	M	O	C	I	S	Á	L	C	W	Í	R	N
B	J	U	P	H	D	I	O	M	T	I	R	U	U	M
S	O	C	I	O	W	Z	G	N	M	K	S	Q	T	X
V	I	S	U	A	L	T	R	G	A	Ú	M	J	L	C
H	M	L	C	E	N	S	A	Y	O	L	S	M	U	G
N	E	Í	W	H	T	Q	T	W	R	G	V	I	C	C
B	Z	V	R	M	L	R	L	J	L	T	F	M	C	Í
P	O	S	T	U	R	A	A	Q	K	Í	Z	F	Q	A
F	T	C	M	R	Q	G	S	V	A	K	F	W	C	C

ACADEMIA
ALEGRE
ARTE
CLÁSICO
CUERPO
CULTURA
CULTURAL
EMOCIÓN
ENSAYO
EXPRESIVO
GRACIA
MOVIMIENTO
MÚSICA
SOCIO
POSTURA
RITMO
SALTAR
TRADICIONAL
VISUAL

33 - Nutrição

P	V	I	T	A	M	I	N	A	S	Z	S	K	C	X
S	R	O	B	A	S	C	A	L	I	D	A	D	A	I
F	A	O	S	C	W	H	T	C	Z	V	Í	Q	R	F
E	O	L	T	K	K	E	I	L	G	Y	R	V	B	E
E	Q	U	S	E	L	Í	Q	U	I	D	O	S	O	R
T	T	U	K	A	Í	T	O	F	Í	U	L	K	H	M
N	W	S	I	E	E	N	K	H	K	L	A	N	I	E
E	U	U	D	L	P	C	A	A	B	A	C	A	D	N
I	D	H	K	D	I	S	U	S	A	S	P	P	R	T
R	C	Q	K	I	Y	B	Y	V	T	A	O	E	A	A
T	O	X	I	N	A	T	R	P	E	S	O	T	T	C
U	B	S	C	P	Í	F	I	A	I	E	A	I	O	I
N	Ó	I	T	S	E	G	I	D	D	Í	D	T	S	Ó
C	O	M	E	S	T	I	B	L	E	O	V	O	Y	N
A	M	A	R	G	O	S	A	L	U	D	A	B	L	E

AMARGO
APETITO
CALORÍAS
CARBOHIDRATOS
COMESTIBLE
DIETA
DIGESTIÓN
EQUILIBRADO
FERMENTACIÓN
LÍQUIDOS
SALSA
NUTRIENTE
PESO
PROTEÍNAS
CALIDAD
SABOR
SALUDABLE
SALUD
TOXINA
VITAMINA

34 - Energia

S	P	X	A	E	L	B	I	T	S	U	B	M	O	C
O	R	A	Í	R	E	T	A	B	A	Q	K	O	F	O
L	O	Z	P	I	E	O	Y	Z	E	L	O	G	Z	N
N	C	X	O	T	N	E	I	V	G	B	M	A	R	T
H	I	D	R	Ó	G	E	N	O	A	X	Í	S	I	A
R	R	Z	T	E	T	K	I	Ó	M	S	Y	O	N	M
E	T	O	N	X	L	U	Q	D	T	F	D	L	D	I
N	C	H	E	N	A	E	R	O	T	O	M	I	U	N
O	É	E	N	N	J	W	C	B	S	V	F	N	S	A
V	L	R	G	U	E	W	X	T	I	E	V	A	T	C
A	E	L	A	C	W	A	S	C	R	N	S	V	R	I
B	D	Q	V	L	E	S	E	I	D	Ó	A	C	I	Ó
L	Q	N	T	E	F	M	B	G	R	P	N	O	A	N
E	R	O	L	A	C	A	R	B	O	N	O	E	X	A
O	K	V	M	R	O	P	A	V	O	M	Z	H	N	R

BATERÍA
CALOR
CARBONO
COMBUSTIBLE
DIESEL
ELÉCTRICO
ELECTRÓN
ENTROPÍA
FOTÓN
GASOLINA
HIDRÓGENO
INDUSTRIA
MOTOR
NUCLEAR
CONTAMINACIÓN
RENOVABLE
SOL
TURBINA
VAPOR
VIENTO

35 - Disciplinas Científicas

G	E	O	L	O	G	Í	A	K	Z	R	I	B	P	N
E	C	O	L	O	G	Í	A	J	Q	W	N	N	S	Q
S	O	C	I	O	L	O	G	Í	A	J	M	E	I	P
N	S	U	B	O	T	Á	N	I	C	A	U	U	C	U
L	I	N	G	Ü	Í	S	T	I	C	A	N	R	O	B
A	R	Q	U	E	O	L	O	G	Í	A	O	O	L	I
A	Í	G	O	L	O	I	S	I	F	Q	L	L	O	O
Í	E	G	X	F	P	M	L	K	Y	U	O	O	G	Q
M	K	X	O	I	O	Y	E	D	Í	Í	G	G	Í	U
O	H	V	Q	L	S	U	W	Q	U	M	Í	Í	A	Í
T	U	L	R	V	O	N	P	A	U	I	A	A	I	M
A	N	Z	P	J	F	I	V	S	W	C	Y	B	F	I
N	I	X	H	K	B	Y	B	D	D	A	P	C	W	C
A	S	T	R	O	N	O	M	Í	A	R	Í	O	K	A
E	T	E	R	M	O	D	I	N	Á	M	I	C	A	T

ANATOMÍA
ARQUEOLOGÍA
ASTRONOMÍA
BIOLOGÍA
BIOQUÍMICA
BOTÁNICA
ECOLOGÍA
FISIOLOGÍA
GEOLOGÍA
INMUNOLOGÍA
LINGÜÍSTICA
NEUROLOGÍA
PSICOLOGÍA
QUÍMICA
SOCIOLOGÍA
TERMODINÁMICA

36 - Meditação

M	O	B	S	E	R	V	A	C	I	Ó	N	P	P	G
J	O	S	N	S	E	N	O	I	C	O	M	E	E	P
V	A	V	Ó	P	O	S	T	U	R	A	O	N	R	C
N	C	G	I	M	E	N	T	E	A	H	A	S	S	L
A	E	R	S	M	S	N	E	U	F	S	B	A	P	A
T	P	A	A	F	I	M	E	N	T	A	L	M	E	R
U	T	T	P	P	X	E	A	E	S	Z	N	I	C	I
R	A	I	M	D	A	D	N	O	B	N	Q	E	T	D
A	C	T	O	H	Z	Z	M	T	S	A	O	N	I	A
L	I	U	C	M	J	S	J	Y	O	Ñ	X	T	V	D
E	Ó	D	O	T	R	E	I	P	S	E	D	O	A	F
Z	N	L	B	E	L	T	I	H	A	S	E	S	E	B
A	C	I	S	Ú	M	P	O	I	C	N	E	L	I	S
S	Z	A	D	V	J	D	T	I	V	E	V	P	E	M
W	J	A	T	E	N	C	I	Ó	N	T	F	F	P	U

ACEPTACIÓN
DESPIERTO
ATENCIÓN
BONDAD
CLARIDAD
COMPASIÓN
EMOCIONES
ENSEÑANZAS
GRATITUD
MENTAL

MENTE
MOVIMIENTO
MÚSICA
NATURALEZA
OBSERVACIÓN
PAZ
PENSAMIENTOS
PERSPECTIVA
POSTURA
SILENCIO

37 - Artes Visuais

C	A	R	C	I	L	L	A	B	O	C	P	U	Q	A
P	E	M	K	Í	V	A	G	A	B	E	I	E	Q	R
V	L	R	M	N	P	T	D	R	R	R	N	J	D	Q
G	E	U	A	P	Ó	S	D	N	A	Á	T	Q	F	U
C	F	V	M	N	G	I	L	I	M	M	U	M	Í	I
R	Y	R	P	A	B	T	C	Z	A	I	R	W	B	T
E	V	Í	X	A	O	R	V	I	E	C	A	I	O	E
A	O	V	C	R	I	A	F	D	S	A	Z	I	T	C
T	T	S	Z	U	F	Y	E	J	T	O	R	Í	J	T
I	A	V	I	T	C	E	P	S	R	E	P	K	H	U
V	R	E	P	L	A	M	L	L	A	Z	O	M	F	R
I	T	C	Á	U	P	E	L	Í	C	U	L	A	O	A
D	E	C	L	C	P	L	A	N	T	I	L	L	A	C
A	R	G	P	S	F	O	T	O	G	R	A	F	Í	A
D	Z	W	R	E	T	E	L	L	A	B	A	C	K	F

ARCILLA
ARQUITECTURA
ARTISTA
PLUMA
CABALLETE
CERA
CERÁMICA
COMPOSICIÓN
CREATIVIDAD
ESCULTURA
PLANTILLA
PELÍCULA
FOTOGRAFÍA
TIZA
LÁPIZ
OBRA MAESTRA
PERSPECTIVA
PINTURA
RETRATO
BARNIZ

38 - Instrumentos Musicais

T	H	L	N	V	C	C	S	A	X	O	F	Ó	N	Y
R	P	K	Í	G	W	Í	L	P	D	E	M	O	Ó	H
O	G	Í	L	Q	Z	Y	F	A	G	E	J	Y	B	F
M	N	U	O	T	K	G	J	L	R	M	C	F	M	G
P	O	E	I	D	Í	Y	O	N	A	I	P	P	O	Z
E	G	L	V	T	O	G	A	F	H	U	N	T	R	X
T	X	G	K	W	A	W	F	H	O	Y	T	E	T	A
A	M	A	F	O	B	R	Q	V	H	P	D	A	T	T
A	R	P	A	J	M	G	R	T	A	M	B	O	R	E
A	R	M	Ó	N	I	C	A	A	N	Y	G	O	M	R
V	R	A	V	A	R	X	K	B	K	X	E	B	T	E
J	B	N	Q	B	A	S	K	Q	F	S	L	O	T	D
G	S	Z	Y	E	M	A	I	Z	X	L	Y	E	A	N
V	H	W	C	T	P	E	R	C	U	S	I	Ó	N	A
M	A	N	D	O	L	I	N	A	K	K	K	K	K	P

MANDOLINA
BANJO
CLARINETE
FAGOT
FLAUTA
ARMÓNICA
GONG
ARPA
MARIMBA
OBOE
PANDERETA
PERCUSIÓN
PIANO
SAXOFÓN
TAMBOR
TROMBÓN
TROMPETA
GUITARRA
VIOLÍN

39 - Adjetivos #2

S	A	U	T	É	N	T	I	C	O	N	C	D	F	I
A	A	C	F	A	M	O	S	O	J	A	A	E	U	N
Z	Y	L	Q	G	Y	O	M	Q	N	T	L	S	E	T
H	E	J	A	V	L	A	S	E	N	U	I	C	R	E
M	W	I	B	D	U	S	Q	C	O	R	E	R	T	R
H	E	G	L	J	O	S	E	C	O	A	N	I	E	E
G	Q	J	P	M	R	S	U	X	Z	L	T	P	T	S
O	V	I	T	C	U	D	O	R	P	K	E	T	N	A
D	W	V	C	Í	P	J	E	L	T	B	X	I	A	N
A	E	D	O	I	W	N	C	S	L	C	I	V	G	T
T	W	X	K	Z	T	I	O	S	J	U	D	O	E	E
O	V	I	T	A	E	R	C	R	I	Y	G	M	L	X
D	K	U	E	N	U	E	V	O	M	C	M	R	E	S
S	A	L	U	D	A	B	L	E	J	A	I	I	O	H
R	E	S	P	O	N	S	A	B	L	E	L	Í	J	X

AUTÉNTICO
CREATIVO
DESCRIPTIVO
DOTADO
ELEGANTE
FAMOSO
FUERTE
INTERESANTE
NATURAL
NORMAL
NUEVO
ORGULLOSO
PRODUCTIVO
PURO
CALIENTE
RESPONSABLE
SALADO
SALUDABLE
SECO
SALVAJE

40 - Roupas

D	S	E	T	N	A	U	G	H	S	M	O	D	A	S
R	E	F	A	F	C	Q	E	J	O	A	W	F	T	A
Z	N	L	S	L	H	N	Q	J	M	B	C	A	E	N
S	O	Í	A	M	A	J	I	P	B	R	O	J	U	D
U	L	Z	Í	N	Y	B	Í	P	R	I	L	X	Q	A
É	A	R	Y	P	T	S	L	Z	E	G	L	Í	A	L
T	T	Z	P	R	K	A	X	I	R	O	A	Y	H	I
E	N	N	A	P	L	T	L	R	O	L	R	R	C	A
R	A	A	S	P	C	I	N	T	U	R	Ó	N	M	S
D	P	R	U	R	A	C	A	M	I	S	A	Z	I	W
F	M	E	L	E	N	T	Z	H	A	F	S	K	Í	P
N	A	S	B	P	P	D	O	D	I	T	S	E	V	L
T	Z	L	C	A	L	C	E	T	I	N	E	S	B	Q
Q	I	U	D	S	S	J	E	L	M	A	X	Z	Í	O
N	N	P	D	A	O	J	E	A	N	S	T	R	M	X

DELANTAL
BLUSA
PANTALONES
CAMISA
ABRIGO
SOMBRERO
CINTURÓN
COLLAR
CHAQUETA
JEANS
GUANTES
CALCETINES
MODA
PIJAMA
PULSERA
FALDA
SANDALIAS
ZAPATO
SUÉTER
VESTIDO

41 - Herbalismo

B	Í	M	N	Y	O	E	S	S	G	W	F	H	V	G
E	D	R	E	V	C	W	S	A	C	W	L	I	L	F
N	S	Z	W	V	I	Z	H	T	B	O	O	N	S	M
E	P	L	A	N	T	A	V	G	R	O	R	O	J	A
F	I	C	C	N	Á	R	F	A	Z	A	R	J	R	N
I	N	I	A	M	M	S	O	D	B	C	G	O	V	P
C	G	L	H	E	O	C	V	M	I	N	H	Ó	F	E
I	R	A	A	J	R	X	C	K	E	W	U	T	N	R
O	E	N	B	O	A	P	L	F	W	R	V	O	N	E
S	D	T	L	R	V	U	C	N	I	C	O	M	L	J
O	I	R	A	A	D	N	A	V	A	L	A	I	D	I
L	E	O	I	N	J	A	R	D	Í	N	B	L	Í	L
O	N	N	D	A	D	I	L	A	C	F	X	L	F	U
P	T	K	K	T	S	J	K	O	V	Y	M	O	Z	O
D	E	K	H	J	A	N	E	G	Z	N	C	N	C	R

AZAFRÁN
ROMERO
AJO
AROMÁTICO
BENEFICIOSO
CILANTRO
ESTRAGÓN
FLOR
HINOJO
INGREDIENTE

JARDÍN
LAVANDA
ALBAHACA
MEJORANA
PLANTA
CALIDAD
SABOR
PEREJIL
TOMILLO
VERDE

42 - Arqueologia

H	A	A	R	E	R	C	O	D	A	D	I	V	L	O
U	Ñ	N	P	B	S	P	P	R	L	P	N	H	I	J
E	O	T	R	Q	H	B	I	X	R	M	V	D	S	Q
S	S	I	O	F	A	I	U	Q	I	L	E	R	Ó	E
O	Í	G	F	Q	U	N	Q	H	S	M	S	N	F	X
S	G	Ü	E	F	P	J	E	D	K	M	T	C	S	P
I	E	E	S	O	T	E	J	B	O	L	I	H	Q	E
S	M	D	O	T	E	M	P	L	O	Z	G	E	J	R
I	Q	A	R	N	Ó	I	C	A	U	L	A	V	E	T
L	O	D	I	C	O	N	O	C	S	E	D	J	M	O
Á	Y	K	M	I	S	T	E	R	I	O	O	A	Y	H
N	T	U	M	B	A	Y	L	Q	P	H	R	T	A	R
A	C	I	V	I	L	I	Z	A	C	I	Ó	N	Í	Q
D	E	S	C	E	N	D	I	E	N	T	E	Q	N	A
B	Y	V	C	Q	L	S	K	K	T	K	P	V	R	Í

ANÁLISIS
AÑOS
ANTIGÜEDAD
EVALUACIÓN
CIVILIZACIÓN
DESCENDIENTE
DESCONOCIDO
EQUIPO
ERA
EXPERTO
OLVIDADO
FÓSIL
INVESTIGADOR
MISTERIO
OBJETOS
HUESOS
PROFESOR
RELIQUIA
TEMPLO
TUMBA

43 - Agronomia

S	E	N	V	E	R	D	U	R	A	S	F	A	R	Q
U	E	Ó	O	T	N	E	I	M	I	C	E	R	C	M
E	L	I	R	C	O	J	K	A	Í	G	R	E	N	E
L	B	C	A	U	N	X	A	V	W	Q	T	Q	K	H
O	I	A	W	A	R	U	T	L	U	C	I	R	G	A
S	N	N	T	W	K	A	J	D	K	S	L	A	L	C
E	E	I	A	Í	G	O	L	O	C	E	I	G	F	G
R	T	M	O	R	G	Á	N	I	C	O	Z	U	M	P
O	S	A	I	C	N	E	I	C	X	P	A	A	P	V
S	O	T	S	L	Q	J	Í	S	A	T	N	A	L	P
I	S	N	C	S	L	J	N	A	W	E	T	Q	M	Í
Ó	D	O	S	E	D	A	D	E	M	R	E	F	N	E
N	U	C	A	U	E	E	S	A	M	E	T	S	I	S
P	R	O	D	U	C	C	I	Ó	N	X	B	P	Y	V
I	N	V	E	S	T	I	G	A	C	I	Ó	N	N	I

AGRICULTURA
AGUA
CIENCIA
CRECIMIENTO
ENFERMEDADES
ECOLOGÍA
ENERGÍA
EROSIÓN
FERTILIZANTE
VERDURAS
ORGÁNICO
INVESTIGACIÓN
PLANTAS
CONTAMINACIÓN
PRODUCCIÓN
RURAL
SEMILLAS
SISTEMAS
SUELO
SOSTENIBLE

44 - Frutas

U	O	R	Y	W	Y	M	B	F	G	R	F	O	T	P
V	N	Y	Q	V	U	A	N	I	R	A	T	C	E	N
H	F	A	Í	H	A	N	Ó	M	I	L	T	O	S	U
A	R	O	M	V	U	Z	C	I	O	D	T	C	S	U
Ñ	L	M	F	L	B	A	P	A	P	A	Y	A	V	U
I	Í	B	E	C	O	N	A	T	Á	L	P	Y	Z	G
P	A	T	A	L	L	A	S	E	U	B	M	A	R	F
H	K	F	J	R	O	G	I	H	M	C	V	B	Z	Q
U	X	I	N	H	I	C	F	J	C	P	E	R	A	J
W	W	H	A	G	W	C	O	B	Z	E	X	R	S	E
N	M	I	R	P	I	B	O	T	O	H	R	V	Y	M
D	E	O	A	W	K	X	T	Q	Ó	H	F	E	H	N
Z	O	G	N	A	M	D	G	R	U	N	C	H	Z	Í
A	G	U	A	C	A	T	E	P	R	E	G	M	H	A
N	L	H	S	D	S	N	S	S	O	Q	B	W	Y	Z

AGUACATE
PIÑA
MORA
BAYA
PLÁTANO
CEREZA
COCO
ALBARICOQUE
HIGO
FRAMBUESA
KIWI
NARANJA
LIMÓN
MANZANA
PAPAYA
MANGO
NECTARINA
PERA
MELOCOTÓN
UVA

45 - Corpo Humano

J	X	K	D	S	M	D	H	Y	N	F	J	H	N	H
G	Y	C	E	U	G	O	J	O	D	O	C	Z	A	D
Y	R	Z	K	P	A	L	L	I	B	R	A	B	R	G
B	L	P	Z	P	G	L	D	F	A	B	C	Í	I	F
W	D	P	C	A	B	E	Z	A	T	E	O	Y	Z	N
O	I	C	J	N	B	U	O	H	J	R	B	E	R	Ó
R	A	R	L	R	K	C	U	M	Z	E	Z	N	Y	Z
B	O	O	F	E	U	H	H	A	R	C	R	S	C	A
M	L	D	Q	I	Y	U	S	N	L	J	Y	O	L	R
O	L	E	I	P	N	W	A	D	M	Y	D	E	D	O
H	I	T	U	L	S	L	N	Í	M	A	S	T	M	C
Z	B	N	M	I	L	Í	G	B	O	B	N	H	S	E
P	O	E	Q	F	E	A	R	U	S	B	T	O	K	S
K	T	R	P	F	M	B	E	L	A	U	U	K	T	E
U	F	F	M	T	X	E	Í	A	R	G	Í	V	F	A

BOCA
CABEZA
CEREBRO
CORAZÓN
CODO
DEDO
RODILLA
MANDÍBULA
MANO
NARIZ
OJO
HOMBRO
OREJA
PIEL
PIERNA
CUELLO
BARBILLA
SANGRE
FRENTE
TOBILLO

46 - Caminhada

G	N	X	N	Ó	I	C	A	R	A	P	E	R	P	B
I	G	D	H	G	Q	L	C	C	A	G	Y	J	M	O
A	D	N	Q	N	Í	I	A	C	L	F	S	H	U	T
P	O	V	Q	I	B	M	N	P	D	J	R	O	B	A
A	G	Q	C	P	B	A	T	E	J	A	V	L	A	S
M	N	P	U	M	O	W	I	S	A	R	D	E	I	P
G	O	I	Y	A	Z	E	L	A	R	U	T	A	N	F
U	D	S	M	C	R	H	A	D	M	E	U	T	V	Y
Í	A	P	Q	A	U	V	D	O	C	P	C	P	H	R
A	S	S	Q	U	L	M	O	Z	F	B	D	K	M	V
S	N	O	E	G	I	E	B	P	A	R	Q	U	E	S
D	A	L	M	A	I	T	S	R	T	O	R	N	Q	U
V	C	F	Í	F	C	Y	O	Y	E	Í	J	L	Y	E
M	O	N	T	A	Ñ	A	U	S	F	S	M	V	S	T
F	O	R	I	E	N	T	A	C	I	Ó	N	R	B	X

CAMPING
ANIMALES
AGUA
BOTAS
CANSADO
CLIMA
CUMBRE
GUÍAS
MAPA
MONTAÑA
MOSQUITOS
NATURALEZA
ORIENTACIÓN
PARQUES
PIEDRAS
ACANTILADO
PESADO
PREPARACIÓN
SALVAJE
SOL

47 - Biologia

C	D	Z	P	Ó	T	S	A	I	R	E	T	C	A	B
R	M	U	V	S	Z	Y	Í	H	O	R	M	O	N	A
O	F	N	C	M	Í	V	M	H	F	S	Q	R	R	F
M	V	Ó	S	O	E	V	O	L	U	C	I	Ó	N	O
O	E	I	I	S	R	P	T	I	Z	Z	J	H	B	T
S	N	C	S	I	F	Í	A	T	V	K	A	V	U	O
O	Z	A	O	S	K	H	N	P	P	R	Y	V	Z	S
M	I	T	I	L	V	I	A	E	Z	T	E	X	J	Í
A	M	U	B	C	Á	L	A	R	U	T	A	N	Q	N
B	A	M	M	O	E	G	N	E	U	R	O	N	A	T
O	H	V	I	N	P	L	E	N	Ó	I	R	B	M	E
O	C	B	S	A	D	Í	D	N	G	M	E	B	W	S
P	R	O	T	E	Í	N	A	A	O	F	X	O	Z	I
M	A	M	Í	F	E	R	O	A	C	M	E	T	S	S
S	I	N	A	P	S	I	S	U	T	I	L	C	Z	F

ANATOMÍA
BACTERIAS
CELDA
COLÁGENO
CROMOSOMA
EMBRIÓN
ENZIMA
EVOLUCIÓN
FOTOSÍNTESIS
HORMONA
MAMÍFERO
MUTACIÓN
NATURAL
NERVIO
NEURONA
ÓSMOSIS
PROTEÍNA
REPTIL
SIMBIOSIS
SINAPSIS

48 - Beleza

M	S	K	Í	F	H	P	F	A	I	C	A	R	G	C
A	O	E	S	X	O	T	N	A	C	N	E	M	H	H
Q	I	L	R	M	Z	T	S	A	R	E	J	I	T	A
U	B	W	I	V	C	E	O	J	V	S	I	Q	X	M
I	A	J	K	T	I	E	I	G	A	Q	Y	T	W	P
L	L	E	I	P	J	C	Z	U	É	C	G	Y	E	Ú
L	A	C	O	L	O	R	I	Y	J	N	F	S	S	S
A	T	S	O	T	C	U	D	O	R	P	I	Y	W	I
J	N	V	R	Í	M	E	L	H	S	Y	E	C	A	C
E	I	R	C	O	S	M	É	T	I	C	O	S	O	E
K	P	K	E	L	E	G	A	N	T	E	G	O	Z	S
E	S	T	I	L	I	S	T	A	L	F	J	Z	M	P
F	R	A	G	A	N	C	I	A	G	S	Í	I	G	E
E	L	E	G	A	N	C	I	A	Y	V	J	R	C	J
V	Í	S	O	W	A	A	P	U	J	V	G	B	T	O

PINTALABIOS
RIZOS
ENCANTO
COLOR
COSMÉTICOS
ELEGANTE
ELEGANCIA
ESPEJO
ESTILISTA
FOTOGÉNICO
FRAGANCIA
GRACIA
MAQUILLAJE
ACEITES
PIEL
PRODUCTOS
RÍMEL
SERVICIOS
TIJERAS
CHAMPÚ

49 - Filantropia

N	I	Ñ	O	S	P	S	P	N	W	D	G	G	P	U
U	X	D	A	D	I	R	A	C	K	S	L	R	Ú	H
C	D	G	Y	A	G	A	O	N	Í	A	O	U	B	O
R	A	Y	S	D	M	N	K	G	V	Z	B	P	L	N
B	D	N	Q	A	A	O	R	J	R	N	A	O	I	E
Í	I	N	Í	D	Y	D	O	G	R	A	L	S	C	S
S	N	T	J	I	G	H	I	Í	X	N	M	H	O	T
J	U	V	E	N	T	U	D	S	I	I	G	A	V	I
J	M	G	Y	A	R	V	M	A	O	F	L	L	S	D
N	O	E	E	M	T	G	S	T	W	R	B	G	W	A
Y	C	N	E	U	T	L	N	E	N	Y	E	C	O	D
E	G	T	A	H	D	W	R	M	U	D	J	N	B	I
G	Y	E	W	N	E	C	E	S	I	T	A	R	E	S
H	I	S	T	O	R	I	A	M	I	S	I	Ó	N	G
C	O	N	T	A	C	T	O	S	O	D	N	O	F	G

CARIDAD
COMUNIDAD
CONTACTOS
NIÑOS
DONAR
FINANZAS
FONDOS
GENEROSIDAD
GLOBAL
GRUPOS
HISTORIA
HONESTIDAD
HUMANIDAD
JUVENTUD
MISIÓN
NECESITAR
METAS
GENTE
PROGRAMAS
PÚBLICO

50 - Ecologia

S	C	J	B	U	Í	H	N	W	G	C	W	B	X	K
E	O	N	A	T	N	A	P	A	E	L	L	I	S	N
Q	M	N	E	F	O	Q	P	J	T	W	O	I	M	N
U	U	A	Q	W	I	G	Í	S	J	U	B	B	M	D
Í	N	N	L	S	O	S	R	U	C	E	R	D	A	A
A	I	F	A	U	N	A	P	Z	W	A	I	A	U	L
M	D	A	D	I	S	R	E	V	I	D	F	D	L	M
T	A	T	I	B	Á	H	A	W	J	F	Y	E	C	E
G	D	D	K	J	V	F	L	O	R	A	I	I	Í	R
A	E	P	L	A	N	T	A	S	O	N	I	R	A	M
Q	S	A	Ñ	A	T	N	O	M	D	Q	D	A	M	A
V	E	G	E	T	A	C	I	Ó	N	Í	W	V	A	U
S	U	P	E	R	V	I	V	E	N	C	I	A	Y	B
S	O	S	T	E	N	I	B	L	E	V	T	E	G	F
N	A	T	U	R	A	L	E	Z	A	K	W	Z	L	X

CLIMA
COMUNIDADES
DIVERSIDAD
FAUNA
FLORA
GLOBAL
HÁBITAT
MARINO
MONTAÑAS
NATURAL
NATURALEZA
PANTANO
PLANTAS
RECURSOS
SEQUÍA
SUPERVIVENCIA
SOSTENIBLE
VARIEDAD
VEGETACIÓN

51 - Familia

M	K	K	X	K	B	M	A	Z	B	S	G	S	I	J
A	B	H	V	J	R	F	Y	E	C	E	O	O	N	M
T	Í	A	N	T	E	P	A	S	A	D	O	B	F	Z
E	Y	T	T	Í	O	J	L	O	Ñ	I	N	R	A	M
R	C	Í	A	H	V	K	E	Ñ	O	T	E	I	N	N
N	H	I	J	A	G	A	U	I	R	I	Í	N	C	A
O	N	A	M	R	E	H	B	N	W	K	B	O	I	Í
D	X	S	J	T	H	D	A	X	Z	O	C	Y	A	Z
I	P	P	S	O	B	R	I	N	A	S	O	P	S	E
R	A	E	A	O	C	Q	J	J	A	X	M	T	Í	H
A	T	I	X	D	C	J	A	P	I	M	I	A	T	O
M	E	W	F	L	R	U	A	B	L	A	R	U	A	J
F	R	P	F	K	K	E	R	D	A	M	P	E	W	Y
M	N	N	X	H	A	U	R	O	E	T	J	W	H	D
R	O	K	V	Z	S	V	D	V	X	C	M	F	D	C

ANTEPASADO
ABUELA
NIÑO
NIÑOS
ESPOSA
HIJA
INFANCIA
HERMANA
HERMANO
MARIDO
MATERNO
MADRE
NIETO
PADRE
PATERNO
PRIMO
SOBRINA
SOBRINO
TÍA
TÍO

52 - Férias #2

V	Z	T	G	S	H	D	B	O	V	T	Z	B	J	I
S	A	V	R	E	S	E	R	T	N	R	O	B	H	A
H	L	C	Í	Y	Y	H	R	R	F	A	P	A	M	Y
D	S	P	A	Z	J	E	W	E	O	N	K	W	S	L
E	I	R	L	C	I	X	U	U	J	S	A	X	M	Z
S	U	E	V	A	I	I	Q	P	L	P	Y	V	O	V
T	O	S	G	Y	Y	O	E	O	O	O	M	I	N	C
I	K	T	I	Q	M	A	N	R	E	R	A	S	T	R
N	O	A	H	O	T	E	L	E	V	T	I	A	A	Í
O	C	U	I	J	Y	E	K	A	S	E	F	X	Ñ	F
C	I	R	E	X	T	R	A	N	J	E	R	O	A	O
A	O	A	S	M	H	C	R	L	O	M	H	K	S	T
R	U	N	Y	Z	Y	X	C	Y	Z	A	Y	R	C	O
P	E	T	R	O	P	A	S	A	P	R	T	V	B	S
A	K	E	M	F	Q	R	W	B	V	I	A	J	E	X

AEROPUERTO
DESTINO
EXTRANJERO
VACACIONES
FOTOS
HOTEL
ISLA
OCIO
MAPA
MAR
MONTAÑAS
PASAPORTE
PLAYA
RESERVAS
RESTAURANTE
TAXI
CARPA
TRANSPORTE
VIAJE
VISA

53 - Edifícios

Q	Q	H	O	B	S	E	R	V	A	T	O	R	I	O
X	N	G	O	Q	U	N	L	H	Y	S	R	Z	U	I
Y	O	R	W	T	F	I	V	O	B	G	E	O	N	R
N	T	A	Y	X	E	C	J	K	M	Q	N	Y	I	O
B	N	N	K	T	Q	L	W	I	E	R	A	T	V	T
E	E	J	A	R	A	G	J	G	O	Q	R	H	E	A
R	M	A	R	I	C	A	R	P	A	Z	G	I	R	R
R	A	B	B	I	D	A	L	E	U	C	S	E	S	O
O	T	S	A	L	A	T	I	P	S	O	H	L	I	B
T	R	Q	C	J	O	S	E	U	S	T	I	G	D	A
K	A	A	I	D	A	M	U	S	E	O	A	I	A	L
Y	P	D	R	P	Z	D	F	K	D	P	P	D	D	D
M	A	L	B	G	Q	T	A	Q	F	T	U	T	I	Z
U	P	Í	Á	T	E	A	T	R	O	Í	O	X	V	O
R	R	U	F	C	A	S	T	I	L	L	O	R	O	D

APARTAMENTO
CASTILLO
GRANERO
CINE
EMBAJADA
ESCUELA
ESTADIO
GRANJA
FÁBRICA
GARAJE
HOSPITAL
HOTEL
LABORATORIO
MUSEO
OBSERVATORIO
TEATRO
CARPA
TORRE
UNIVERSIDAD

54 - Aventura

I	T	I	N	E	R	A	R	I	O	N	U	E	V	O
D	I	F	I	C	U	L	T	A	D	O	Q	J	S	A
U	W	O	S	O	R	G	I	L	E	P	T	A	E	C
E	T	N	E	D	N	E	R	P	R	O	S	F	G	T
E	V	I	R	S	Ó	B	E	L	L	E	Z	A	U	I
N	A	T	N	Ó	I	C	A	G	E	V	A	N	R	V
T	L	S	Ó	I	C	K	Z	S	A	B	Q	S	I	I
U	E	E	I	N	A	X	E	B	N	L	E	R	D	D
S	N	D	S	U	R	U	L	K	D	U	V	C	A	A
I	T	V	R	S	A	S	A	M	I	G	O	S	D	D
A	Í	I	U	U	P	Z	R	N	C	D	Y	C	K	U
S	A	A	C	A	E	S	U	A	O	P	Q	H	Z	P
M	W	J	X	L	R	L	T	O	K	A	Q	S	L	T
O	E	E	E	A	P	C	A	Í	R	G	E	L	A	D
Y	M	S	D	A	D	I	N	U	T	R	O	P	O	G

ALEGRÍA
AMIGOS
ACTIVIDAD
BELLEZA
VALENTÍA
OPORTUNIDAD
DESTINO
DIFICULTAD
ENTUSIASMO
EXCURSIÓN
INUSUAL
ITINERARIO
NATURALEZA
NAVEGACIÓN
NUEVO
PELIGROSO
PREPARACIÓN
SEGURIDAD
SORPRENDENTE
VIAJES

55 - Floresta Tropical

P	H	Z	H	M	V	A	L	I	O	S	O	Í	F	A
C	R	E	R	C	U	D	P	U	U	E	K	S	T	E
Z	J	E	Q	Q	N	S	E	B	U	N	A	G	I	Y
O	Q	Z	S	T	T	G	G	I	U	K	T	M	D	S
U	E	I	C	E	P	S	E	O	T	E	P	S	E	R
N	Ó	I	C	A	R	U	A	T	S	E	R	Q	I	I
E	R	M	Q	Y	A	V	L	E	S	B	D	A	N	N
R	E	F	U	G	I	O	A	M	I	L	C	M	D	S
S	A	M	R	A	P	D	B	C	Q	L	Y	P	Í	E
C	O	M	U	N	I	D	A	D	I	S	M	Á	G	C
D	I	V	E	R	S	I	D	A	D	Ó	N	J	E	T
C	A	L	P	A	S	O	I	B	I	F	N	A	N	O
M	A	M	Í	F	E	R	O	S	E	H	N	R	A	S
P	A	W	V	S	J	O	C	I	N	Á	T	O	B	V
N	A	T	U	R	A	L	E	Z	A	S	V	S	X	V

ANFIBIOS
BOTÁNICO
CLIMA
COMUNIDAD
DIVERSIDAD
ESPECIE
INDÍGENA
INSECTOS
MAMÍFEROS
MUSGO
NATURALEZA
NUBES
PÁJAROS
PRESERVACIÓN
REFUGIO
RESPETO
RESTAURACIÓN
SELVA
VALIOSO

56 - Cidade

W	D	G	M	I	K	S	K	C	Í	D	C	A	F	E
F	A	A	B	Z	H	I	F	V	Z	Z	V	T	A	S
S	D	Í	D	O	D	A	C	R	E	M	Z	S	R	C
A	I	R	C	O	C	W	Z	A	N	U	P	I	M	U
O	S	E	T	N	A	R	U	A	T	S	E	R	A	E
C	R	L	P	O	C	N	A	B	W	H	S	O	C	L
A	E	A	A	D	T	O	Í	Q	D	O	T	L	I	A
J	V	G	X	D	A	R	R	V	J	T	A	F	A	L
B	I	B	L	I	O	T	E	C	A	E	D	Í	J	I
K	N	Z	U	V	C	A	D	U	M	L	I	V	L	B
C	U	F	N	K	F	E	A	L	P	U	O	O	I	R
T	I	E	F	J	K	T	N	N	I	O	S	Í	V	E
B	A	N	Ó	L	A	S	A	R	F	I	R	E	B	R
W	P	J	E	T	I	E	P	U	A	V	H	E	O	Í
S	U	P	E	R	M	E	R	C	A	D	O	P	A	A

AEROPUERTO
BANCO
BIBLIOTECA
CINE
ESCUELA
ESTADIO
FARMACIA
FLORISTA
GALERÍA
HOTEL
ZOO
LIBRERÍA
MERCADO
MUSEO
PANADERÍA
RESTAURANTE
SALÓN
SUPERMERCADO
TEATRO
UNIVERSIDAD

57 - Música

O	M	G	O	K	O	N	O	F	Ó	R	C	I	M	L
Y	I	E	R	B	Y	O	L	I	Z	N	I	M	T	P
T	X	T	L	A	Í	N	O	M	R	A	C	P	S	Q
C	N	J	A	O	B	J	L	P	T	E	A	R	S	E
M	T	M	C	A	D	A	L	A	B	T	N	O	I	X
N	Ú	L	O	G	X	Í	C	S	F	N	T	V	N	K
Í	K	S	V	I	P	F	A	I	M	A	A	I	S	N
D	T	N	I	Ó	P	E	R	A	Ó	T	R	S	T	W
T	C	E	O	C	I	S	Á	L	C	N	K	A	R	L
Y	F	L	C	V	O	P	M	E	T	A	U	R	U	Í
F	H	U	I	R	Á	R	Q	N	W	C	Z	F	M	R
E	K	F	T	L	L	A	C	I	S	U	M	D	E	I
H	E	Y	É	Y	B	B	K	Z	A	Y	E	W	N	C
B	N	X	O	M	U	R	I	T	M	O	Q	O	T	O
G	O	I	P	Z	M	C	O	R	O	L	R	M	O	Y

ÁLBUM
BALADA
CANTAR
CANTANTE
CLÁSICO
CORO
GRABACIÓN
ARMONÍA
IMPROVISAR
INSTRUMENTO

LÍRICO
MELODÍA
MICRÓFONO
MUSICAL
MÚSICO
ÓPERA
POÉTICO
RITMO
TEMPO
VOCAL

58 - Matemática

P	A	E	M	V	Y	S	T	O	X	D	L	Í	I	Z
A	E	R	C	D	E	U	O	R	T	E	M	Á	I	D
F	H	R	I	U	G	M	Q	H	M	C	P	V	L	B
Y	P	K	Í	T	A	A	K	U	N	I	O	O	C	R
Á	G	F	E	M	M	C	F	D	L	M	L	L	J	V
N	G	R	I	T	E	É	I	T	J	A	Í	U	X	K
G	Z	U	N	E	A	T	T	Ó	I	L	G	M	Í	O
U	I	A	Q	G	C	S	R	I	N	K	O	E	L	L
L	G	R	O	U	Í	I	R	O	C	K	N	N	Y	U
O	I	D	A	R	N	M	N	C	Q	A	O	C	Q	G
S	C	E	H	S	E	E	F	R	A	C	C	I	Ó	N
O	L	U	G	N	Á	T	C	E	R	W	R	A	W	Á
I	O	L	E	L	A	R	A	P	R	L	E	Z	F	I
H	Z	L	Q	I	A	Í	R	T	E	M	O	E	G	R
G	O	B	F	O	D	A	R	D	A	U	C	Y	L	T

ARITMÉTICA
ÁNGULOS
DECIMAL
DIÁMETRO
ECUACIÓN
FRACCIÓN
GEOMETRÍA
PARALELO
PERÍMETRO
POLÍGONO
CUADRADO
RADIO
RECTÁNGULO
SIMETRÍA
SUMA
TRIÁNGULO
VOLUMEN

59 - Saúde e Bem Estar #1

F	A	O	V	O	C	V	R	H	O	U	L	H	Y	E
R	L	N	V	J	L	U	L	P	A	N	X	Í	Í	T
A	T	E	K	P	Í	N	W	N	I	M	P	V	S	E
C	U	D	V	V	N	V	D	P	C	K	B	R	O	R
T	R	O	N	Ó	I	C	A	J	A	L	E	R	P	A
U	A	C	H	B	C	D	E	M	M	P	Í	O	E	P
R	R	T	O	A	A	I	I	Í	R	W	I	J	Y	I
A	U	O	R	C	I	N	A	I	A	F	A	E	Z	A
N	T	R	M	T	E	Q	N	J	F	L	O	L	L	V
F	S	R	O	E	O	V	I	T	C	A	U	F	U	I
O	O	S	N	R	D	R	C	R	D	T	L	E	Y	R
Z	P	J	A	I	S	O	I	V	R	E	N	R	C	U
N	V	T	S	A	Í	A	D	H	Á	B	I	T	O	S
X	T	L	R	S	O	S	E	U	H	E	F	K	T	X
B	X	T	R	A	T	A	M	I	E	N	T	O	V	N

ALTURA
ACTIVO
BACTERIAS
CLÍNICA
DOCTOR
FARMACIA
HAMBRE
FRACTURA
HÁBITO
HORMONAS
MEDICINA
NERVIOS
HUESOS
PIEL
POSTURA
REFLEJO
RELAJACIÓN
TERAPIA
TRATAMIENTO
VIRUS

60 - Natureza

S	A	J	E	B	A	L	S	C	T	H	P	N	D	X
Á	A	L	T	O	Í	N	G	D	R	Í	O	I	E	Q
T	R	L	D	R	C	N	Ó	I	S	O	R	E	S	N
R	B	T	V	O	G	Í	G	A	F	B	Z	B	I	C
O	E	D	I	A	S	E	R	E	N	O	G	L	E	V
P	L	F	G	C	J	H	O	J	U	P	Z	A	R	N
I	L	C	X	R	O	E	I	A	A	Q	G	N	T	U
C	E	J	R	B	C	T	R	L	I	X	S	L	O	B
A	Z	L	R	A	I	C	A	L	G	Í	E	O	I	E
L	A	D	U	J	F	D	U	O	V	C	L	I	B	S
U	Í	D	C	Í	Í	F	T	F	V	L	A	G	W	H
Í	O	W	M	J	C	O	N	N	I	J	M	U	O	R
X	Z	M	W	N	A	Y	A	T	T	Z	I	F	U	E
K	C	Z	E	W	P	Y	S	M	A	L	N	E	T	Í
D	I	N	Á	M	I	C	O	Y	L	F	A	R	I	M

ABEJAS
REFUGIO
ANIMALES
ÁRTICO
BELLEZA
DESIERTO
DINÁMICO
EROSIÓN
BOSQUE
FOLLAJE
GLACIAR
NIEBLA
NUBES
PACÍFICO
RÍO
SANTUARIO
SALVAJE
SERENO
TROPICAL
VITAL

61 - A Empresa

R	N	Ó	I	S	R	E	V	N	I	K	H	O	Í	S
Q	E	J	W	N	I	M	J	N	E	T	J	R	Q	R
U	Y	C	A	D	P	P	L	Ó	Q	G	X	N	F	O
W	O	U	U	X	H	L	Q	I	Q	W	O	Z	X	D
X	Y	I	Q	R	X	E	D	C	I	H	D	C	Q	A
T	U	U	Z	Q	S	O	J	A	W	P	A	B	I	V
G	L	O	B	A	L	O	P	T	D	R	D	M	O	O
P	D	M	F	K	S	Í	S	U	E	I	I	G	G	N
R	E	M	Q	S	Q	D	S	P	D	Í	L	C	B	N
O	C	T	X	T	E	N	D	E	N	C	I	A	S	I
G	I	O	V	I	T	A	E	R	C	W	B	B	C	Z
R	S	P	R	O	D	U	C	T	O	B	I	B	L	K
E	I	X	N	Ó	I	C	A	T	N	E	S	E	R	P
S	Ó	I	N	G	R	E	S	O	S	L	O	J	S	H
O	N	R	I	E	S	G	O	S	N	S	P	E	B	T

PRESENTACIÓN
CREATIVO
DECISIÓN
EMPLEO
GLOBAL
INNOVADOR
INVERSIÓN
NEGOCIO
POSIBILIDAD
PRODUCTO
PROGRESO
CALIDAD
INGRESOS
RECURSOS
REPUTACIÓN
RIESGOS
TENDENCIAS

62 - Doença

H	R	C	O	N	T	A	G	I	O	S	O	P	S	A
E	E	M	O	R	D	N	Í	S	O	S	E	U	H	L
R	S	S	A	B	D	O	M	I	N	A	L	L	W	E
E	P	O	A	T	E	R	A	P	I	A	J	M	Z	R
D	I	N	C	L	Í	Q	N	Ó	Z	A	R	O	C	G
I	R	E	I	N	U	T	Ó	I	L	Í	C	N	M	I
T	A	G	N	E	G	D	I	N	Q	U	S	A	N	A
A	T	Ó	Ó	U	E	S	C	M	Y	B	M	R	Z	S
R	O	T	R	R	N	U	A	U	A	I	V	B	T	O
I	R	A	C	O	É	D	M	N	N	O	N	T	A	P
O	I	P	S	P	T	J	A	I	Q	Z	D	G	Z	R
R	O	C	F	A	I	E	L	D	N	I	I	K	Q	E
X	U	K	L	T	C	Z	F	A	D	É	B	I	L	U
Q	U	Y	A	Í	O	P	N	D	Z	Q	E	L	I	C
F	T	P	W	A	E	M	I	U	O	Q	G	I	D	X

ABDOMINAL
ALERGIAS
CONTAGIOSO
CORAZÓN
CUERPO
CRÓNICA
DÉBIL
GENÉTICO
HEREDITARIO
INMUNIDAD
INFLAMACIÓN
LUMBAR
NEUROPATÍA
HUESOS
PATÓGENOS
PULMONAR
RESPIRATORIO
SALUD
SÍNDROME
TERAPIA

63 - Aquecimento Global

G	O	B	I	E	R	N	O	H	N	E	P	C	M	N
L	Í	E	Í	J	H	L	K	K	X	Y	F	R	R	M
A	Y	C	D	X	S	Z	F	H	F	A	U	I	V	J
N	Ó	I	C	A	L	S	I	G	E	L	T	S	V	I
O	G	A	S	N	T	D	U	M	E	U	U	I	Í	F
I	C	V	N	Ó	F	O	G	X	T	W	R	S	S	F
C	T	Z	B	I	O	U	S	Y	H	G	O	U	L	J
A	M	I	L	C	D	E	S	A	R	R	O	L	L	O
N	H	C	O	N	S	E	C	U	E	N	C	I	A	S
R	F	O	G	E	N	E	R	A	C	I	O	N	E	S
E	L	Y	R	T	Á	R	T	I	C	O	X	Y	N	I
T	V	G	Y	A	I	R	T	S	U	D	N	I	H	C
N	N	B	A	M	B	I	E	N	T	A	L	B	H	V
I	V	L	M	Y	E	N	E	R	G	Í	A	N	S	P
V	C	I	E	N	T	Í	F	I	C	O	J	E	E	Í

AHORA
AMBIENTAL
ATENCIÓN
ÁRTICO
CIENTÍFICO
CLIMA
CONSECUENCIAS
CRISIS
DATOS

DESARROLLO
ENERGÍA
FUTURO
GAS
GENERACIONES
GOBIERNO
INDUSTRIA
INTERNACIONAL
LEGISLACIÓN

64 - Aviões

I	C	Z	H	I	S	T	O	R	I	A	U	A	H	C
N	Ó	I	C	A	L	U	P	I	R	T	Q	S	I	O
D	J	T	E	A	T	M	Ó	S	F	E	R	A	D	N
I	E	O	Y	L	S	A	M	O	T	O	R	R	R	S
R	W	S	O	B	O	L	G	Z	S	J	E	U	Ó	T
E	E	N	M	E	T	T	U	W	S	U	I	T	G	R
C	V	E	J	A	Z	I	R	R	E	T	A	L	E	U
C	C	C	C	W	X	T	C	S	U	E	X	A	N	C
I	R	S	X	A	R	U	T	N	E	V	A	O	O	C
Ó	U	E	R	I	A	D	R	B	N	Q	N	T	K	I
N	K	D	D	N	P	A	S	A	J	E	R	O	Q	Ó
C	O	M	B	U	S	T	I	B	L	E	A	L	Q	N
X	Í	P	G	N	N	C	P	A	Q	F	A	I	E	L
T	U	R	B	U	L	E	N	C	I	A	N	P	T	U
Í	W	N	Q	H	P	J	X	C	D	X	I	I	A	N

ALTITUD
ALTURA
AIRE
ATERRIZAJE
ATMÓSFERA
AVENTURA
GLOBO
CIELO
COMBUSTIBLE
CONSTRUCCIÓN
DESCENSO
DIRECCIÓN
HIDRÓGENO
HISTORIA
INFLAR
MOTOR
PASAJERO
PILOTO
TRIPULACIÓN
TURBULENCIA

65 - Tipos de Cabelo

H	T	R	E	X	T	F	C	R	A	J	V	B	R	R
Q	X	R	I	T	H	M	C	B	A	Í	Q	R	U	I
J	M	I	E	Z	S	U	A	V	E	Q	F	I	B	Z
T	S	C	W	N	A	D	A	G	L	E	D	L	I	O
S	F	G	I	K	Z	D	Í	O	R	S	J	L	O	S
A	B	N	Y	C	Q	A	O	G	R	A	L	A	N	C
L	L	V	V	A	L	T	D	C	J	K	F	N	I	O
U	B	K	Q	L	M	A	A	O	E	H	D	T	G	D
D	M	K	H	V	A	L	E	C	Y	S	I	E	J	A
A	P	J	F	O	L	P	R	N	N	E	G	R	O	L
B	Y	G	G	S	Z	T	O	A	Y	Q	A	K	X	U
L	W	G	R	E	K	J	L	L	E	W	S	A	W	D
E	H	F	I	U	I	Í	O	B	M	A	R	R	Ó	N
E	V	X	S	R	A	Q	C	P	A	V	C	B	J	O
T	A	I	N	G	T	R	E	N	Z	A	S	Y	E	W

BLANCO
BRILLANTE
RIZOS
CALVO
GRIS
COLOREADO
RIZADO
DELGADA
GRUESO
RUBIO
LARGO
MARRÓN
ONDULADO
PLATA
NEGRO
SALUDABLE
SECO
SUAVE
TRENZADO
TRENZAS

66 - Criatividade

I	N	T	U	I	C	I	Ó	N	R	L	H	K	O	I
C	E	X	P	R	E	S	I	Ó	N	P	X	R	V	M
M	L	E	S	P	O	N	T	Á	N	E	O	J	I	A
X	N	A	M	G	T	Í	Q	X	V	Q	C	N	T	G
G	Ó	G	R	I	C	D	U	K	E	O	I	N	N	I
M	I	Y	Y	I	N	J	T	M	J	C	T	Ó	E	N
D	C	F	M	B	D	S	E	N	O	I	S	I	V	A
F	A	A	U	D	R	A	P	S	Y	T	Í	S	N	C
L	S	D	K	Q	D	S	D	I	W	Á	T	E	I	I
U	N	E	I	M	A	G	E	N	R	M	R	R	G	Ó
I	E	N	Í	L	S	N	C	H	Z	A	A	P	F	N
D	S	E	N	O	I	C	O	M	E	R	C	M	T	W
E	M	A	B	P	W	B	B	W	K	D	G	I	C	J
Z	X	I	O	S	C	J	A	T	H	Y	J	E	Ó	N
N	G	K	K	A	L	H	J	H	M	F	U	I	E	N

ARTÍSTICO
CLARIDAD
DRAMÁTICO
EMOCIONES
ESPONTÁNEO
EXPRESIÓN
FLUIDEZ
HABILIDAD
IMAGEN
IMAGINACIÓN
IMPRESIÓN
INSPIRACIÓN
INTUICIÓN
INVENTIVO
SENSACIÓN
VISIONES

67 - Dias e Meses

D	D	L	E	F	E	B	R	E	R	O	H	R	C	V
F	O	P	N	L	W	M	E	S	E	N	U	L	A	I
W	S	S	E	D	O	M	I	N	G	O	Z	H	L	E
Z	Z	J	R	Y	G	R	L	V	U	P	Q	S	E	R
N	P	I	O	D	I	C	I	E	M	B	R	E	N	N
O	W	C	Y	J	K	E	R	S	D	G	G	T	D	E
V	V	J	K	U	A	R	B	S	E	T	N	R	A	S
I	L	O	A	N	H	B	A	Ñ	O	M	E	A	R	Í
E	A	B	S	I	H	M	T	J	E	Y	A	M	I	Y
M	R	H	R	O	U	E	S	G	O	T	M	N	O	A
B	E	S	Q	Q	E	I	C	Á	Y	Z	T	D	A	G
R	B	V	J	U	D	T	F	Z	B	B	Z	Y	A	O
E	Í	E	X	J	H	P	G	E	Y	A	V	V	C	S
O	C	T	U	B	R	E	R	F	K	U	D	C	H	T
W	J	U	E	V	E	S	J	U	L	I	O	O	Y	O

ABRIL
AGOSTO
AÑO
CALENDARIO
DICIEMBRE
DOMINGO
FEBRERO
ENERO
JULIO
JUNIO
MES
NOVIEMBRE
OCTUBRE
JUEVES
SÁBADO
LUNES
SEMANA
SEPTIEMBRE
VIERNES
MARTES

68 - Saúde e Bem Estar #2

L	P	Q	G	L	G	O	I	F	H	S	E	F	C	H
C	Z	V	X	Q	S	E	N	E	I	G	I	H	A	O
D	I	E	T	A	M	J	N	D	E	B	T	A	L	S
S	A	N	G	R	E	A	E	É	C	N	E	G	O	P
F	V	P	B	N	I	S	N	I	T	U	P	D	R	I
A	L	E	R	G	I	A	F	N	M	I	E	V	Í	T
Í	D	F	O	T	S	M	E	F	C	J	C	R	A	A
M	D	U	M	A	Í	G	R	E	N	E	R	A	P	L
O	P	O	U	L	T	Q	M	C	Z	M	V	Í	W	O
T	B	E	H	C	Q	O	E	C	S	U	X	K	L	O
A	Í	P	S	F	B	S	D	I	Í	B	U	O	S	Q
N	U	J	M	O	S	Y	A	Ó	I	X	W	Í	V	D
A	P	E	T	I	T	O	D	N	P	P	X	B	W	P
R	E	C	U	P	E	R	A	C	I	Ó	N	N	F	Z
D	I	G	E	S	T	I	Ó	N	T	C	G	Y	U	N

ALERGIA
ANATOMÍA
APETITO
CALORÍA
CUERPO
DIETA
DIGESTIÓN
ENFERMEDAD
ENERGÍA
GENÉTICA
HIGIENE
HOSPITAL
HUMOR
INFECCIÓN
MASAJE
PESO
RECUPERACIÓN
SANGRE

69 - Geografia

R	P	S	M	J	I	S	Í	A	P	M	C	I	Z	L
S	E	N	G	C	U	U	E	T	S	E	O	B	O	N
N	J	G	O	Í	R	R	N	S	A	R	N	A	C	B
M	T	P	I	R	R	H	N	W	L	I	T	W	É	P
M	S	B	H	Ó	T	H	J	Y	T	D	I	Y	A	A
N	A	J	H	C	N	E	N	I	A	I	N	L	N	K
T	B	P	V	D	U	T	I	T	L	A	E	C	O	S
D	J	V	A	Ñ	A	T	N	O	M	N	N	I	D	L
H	E	M	I	S	F	E	R	I	O	O	T	U	N	A
P	G	I	S	L	A	Z	C	Z	S	V	E	D	U	T
M	A	R	Q	C	H	Z	A	L	N	F	U	A	M	I
T	E	R	R	I	T	O	R	I	O	X	P	D	J	T
W	Í	B	K	E	E	B	O	J	C	I	D	H	F	U
M	N	S	V	Í	R	Í	D	Z	J	N	G	I	W	D
U	G	J	T	Z	E	J	R	S	J	Q	B	D	B	O

ALTITUD
ATLAS
CIUDAD
CONTINENTE
HEMISFERIO
ISLA
LATITUD
MAPA
MAR
MERIDIANO
MONTAÑA
MUNDO
NORTE
OCÉANO
OESTE
PAÍS
REGIÓN
RÍO
SUR
TERRITORIO

70 - Antártica

B	Í	T	G	M	M	L	Í	M	U	L	D	B	N	Q
K	L	E	E	E	I	G	Y	Í	P	O	H	A	Ó	M
O	Í	M	V	U	O	N	L	B	S	D	S	L	I	D
P	L	P	E	V	W	G	E	H	Í	M	U	L	C	D
E	P	E	K	H	R	H	R	R	F	M	K	E	A	M
N	I	R	I	Y	Í	I	I	A	A	T	U	N	V	B
Í	N	A	Í	H	A	B	A	U	F	L	B	A	R	E
N	G	T	N	M	R	E	B	G	N	Í	E	S	E	N
S	Ü	U	I	S	L	A	S	A	Q	T	A	S	S	S
U	I	R	Í	E	X	P	E	D	I	C	I	Ó	N	E
L	N	A	R	O	C	O	S	O	U	E	K	P	O	N
A	O	C	I	E	N	T	Í	F	I	C	O	L	C	A
O	S	S	G	L	A	C	I	A	R	E	S	A	G	D
I	N	V	E	S	T	I	G	A	D	O	R	T	V	A
U	W	S	D	Y	M	I	G	R	A	C	I	Ó	N	T

AGUA
BAHÍA
BALLENAS
CIENTÍFICO
CONSERVACIÓN
ENSENADA
EXPEDICIÓN
GLACIARES
HIELO
GEOGRAFÍA
ISLAS
INVESTIGADOR
MIGRACIÓN
MINERALES
PENÍNSULA
PINGÜINOS
ROCOSO
TEMPERATURA

71 - Flores

X	P	H	I	B	I	S	C	O	C	R	X	O	W	A
H	A	L	U	D	N	É	L	A	C	Z	O	F	Z	H
Í	I	N	U	A	Y	Q	O	M	A	R	O	S	D	B
L	N	B	Z	M	D	K	S	Í	O	P	R	O	A	Q
G	E	A	N	Z	E	H	A	W	R	E	Q	K	I	Z
H	D	W	X	A	L	R	R	P	P	O	U	A	W	A
P	R	F	I	U	J	T	I	H	X	N	Í	Z	T	V
A	A	A	I	L	O	N	G	A	M	Í	D	H	C	L
P	G	J	A	Z	M	Í	N	L	D	A	E	Z	L	A
É	A	F	T	E	F	K	V	I	I	N	A	H	B	P
T	O	X	Í	O	R	T	A	L	O	P	A	M	A	Z
A	T	I	R	A	G	R	A	M	I	Q	Q	V	I	U
L	R	D	O	Y	R	H	R	C	R	Í	P	B	A	X
O	S	I	C	R	A	N	Á	P	I	L	U	T	A	L
T	F	M	A	T	R	É	B	O	L	C	Q	M	M	F

RAMO
CALÉNDULA
GARDENIA
GIRASOL
HIBISCO
JAZMÍN
LAVANDA
LILA
LIRIO
MAGNOLIA
MARGARITA
NARCISO
ORQUÍDEA
AMAPOLA
PEONÍA
PÉTALO
PLUMERIA
ROSA
TRÉBOL
TULIPÁN

72 - Fazenda #1

A	O	S	O	Ñ	A	B	E	R	T	R	Z	S	Z	Í
A	B	I	W	W	R	J	O	M	J	O	B	W	U	G
A	C	E	L	Í	R	E	B	P	G	Y	I	D	S	T
G	T	U	J	U	O	N	E	H	K	W	V	E	Y	Í
R	E	C	E	A	Z	Q	B	W	Z	N	M	I	M	Í
I	R	W	S	R	H	E	L	V	G	V	D	C	Y	L
C	N	V	K	B	V	X	N	Y	A	F	N	D	O	Í
U	E	U	C	A	P	O	T	A	G	L	A	G	U	A
L	R	F	Q	C	N	L	L	H	C	D	L	V	T	O
T	O	C	C	L	M	L	I	I	E	M	C	A	O	V
U	Q	W	S	P	P	A	H	Í	R	P	J	Y	Í	A
R	E	G	T	A	O	B	N	E	D	E	N	L	U	C
A	B	N	V	J	L	A	B	E	O	R	R	U	B	A
C	A	M	P	O	L	C	D	Í	C	R	A	X	P	B
C	H	G	Q	C	O	M	I	E	L	O	B	C	Y	Í

ABEJA
AGRICULTURA
ARROZ
AGUA
TERNERO
BURRO
CABRA
CAMPO
CABALLO
PERRO
VALLA
CUERVO
HENO
POLLO
GATO
MIEL
CERDO
REBAÑO
VACA

73 - Livros

P	M	R	Y	D	T	C	D	U	A	L	I	D	A	D
F	N	S	T	E	K	U	O	Q	Q	I	A	H	D	L
A	V	E	N	T	U	R	A	N	L	O	D	C	Z	B
N	L	T	P	P	H	O	M	E	T	E	I	R	E	S
C	I	N	I	O	I	D	E	P	H	E	C	Q	T	H
O	T	E	L	E	S	A	O	O	K	U	X	T	O	A
L	E	N	W	S	T	R	P	P	Z	G	W	T	O	I
E	R	I	H	Í	Ó	R	U	E	Y	O	Q	B	O	R
C	A	T	E	A	R	A	R	Y	V	P	B	Í	P	O
C	R	R	S	L	I	N	U	A	N	I	G	Á	P	T
I	I	E	C	E	C	E	M	T	T	H	B	T	V	S
Ó	O	P	R	V	O	T	V	G	O	G	P	A	B	I
N	U	D	I	O	C	D	I	I	L	R	D	P	G	H
F	O	A	T	N	T	R	Á	G	I	C	O	A	T	V
Í	Í	R	O	V	I	T	N	E	V	N	I	V	Q	K

AUTOR
AVENTURA
COLECCIÓN
CONTEXTO
DUALIDAD
ESCRITO
EPOPEYA
HISTORIA
HISTÓRICO
INVENTIVO
LECTOR
LITERARIO
NARRADOR
PÁGINA
POEMA
POESÍA
PERTINENTE
NOVELA
SERIE
TRÁGICO

74 - Chocolate

A	A	A	M	A	R	G	O	C	O	C	A	P	Y	E
T	R	N	F	A	V	O	R	I	T	O	R	O	Í	O
E	I	O	T	S	X	P	O	X	W	E	C	L	U	D
C	N	P	M	I	E	P	B	Í	F	W	Z	V	C	C
E	G	F	G	A	O	E	A	O	U	S	K	O	A	A
R	R	R	U	A	T	X	S	W	J	D	U	S	C	L
A	E	I	S	Q	R	N	I	U	B	J	R	O	A	O
C	D	P	T	J	Q	T	P	D	J	U	K	I	H	R
Ú	I	O	O	Y	P	P	E	O	A	C	A	C	U	Í
Z	E	S	M	H	Q	P	C	S	P	N	X	I	E	A
A	N	E	X	Ó	T	I	C	O	A	U	T	L	T	S
O	T	C	A	R	A	M	E	L	O	N	A	E	E	M
O	E	F	Z	K	T	I	O	P	L	R	A	D	S	D
P	I	Y	U	P	W	N	Z	I	V	P	T	L	I	Í
M	T	O	E	F	C	A	L	I	D	A	D	E	W	X

AZÚCAR
AMARGO
CACAHUETES
ANTIOXIDANTE
AROMA
ARTESANAL
CACAO
CALORÍAS
CARAMELO
COCO
DELICIOSO
DULCE
EXÓTICO
FAVORITO
GUSTO
INGREDIENTE
POLVO
CALIDAD
RECETA
SABOR

75 - Governo

C	L	A	I	C	N	E	D	N	E	P	E	D	N	I
N	O	D	A	T	S	E	A	M	R	X	M	W	A	E
O	T	N	E	M	U	N	O	M	I	Y	O	G	C	K
L	I	I	S	N	C	T	O	S	R	U	C	S	I	D
O	R	V	Y	T	A	I	C	I	T	S	U	J	Ó	A
B	T	L	I	V	I	C	U	L	Í	D	E	R	N	T
M	S	B	I	G	Q	T	I	D	Í	T	L	I	A	R
Í	I	E	F	F	N	P	U	O	A	J	E	M	A	E
S	D	N	V	R	T	Y	L	C	N	D	U	G	C	B
J	U	D	I	C	I	A	L	E	I	A	A	V	I	I
H	D	L	I	Y	O	Y	C	D	B	Ó	L	N	T	L
K	U	Í	F	E	R	H	M	N	T	L	N	Q	Í	N
I	G	U	A	L	D	A	D	P	P	P	Q	G	L	A
Í	D	D	I	S	C	U	S	I	Ó	N	C	Z	O	W
D	E	M	O	C	R	A	C	I	A	T	J	G	P	X

CIUDADANÍA
CIVIL
CONSTITUCIÓN
DEMOCRACIA
DISCURSO
DISCUSIÓN
DISTRITO
ESTADO
IGUALDAD
INDEPENDENCIA
JUDICIAL
JUSTICIA
LEY
LIBERTAD
LÍDER
MONUMENTO
NACIONAL
NACIÓN
POLÍTICA
SÍMBOLO

76 - Jardinagem

P	Í	E	A	I	T	Q	G	O	B	A	E	X	C	A
J	U	H	S	H	M	A	N	G	U	E	R	A	O	G
F	L	O	R	P	Q	U	N	P	Y	C	E	M	M	U
R	O	D	E	N	E	T	N	O	C	P	S	I	E	A
F	E	S	L	A	N	C	R	A	M	O	T	L	S	F
L	H	X	S	A	L	L	I	M	E	S	A	C	T	O
O	U	B	Ó	X	R	F	M	E	Q	L	C	H	I	L
R	E	O	C	T	S	O	P	M	O	C	I	U	B	L
A	R	T	G	B	I	U	T	K	G	K	O	M	L	A
L	T	Á	N	P	D	C	C	V	Y	N	N	E	E	J
Y	O	N	S	T	E	T	O	I	T	F	A	D	D	E
T	C	I	B	F	Z	C	L	M	E	E	L	A	A	M
J	C	C	R	N	E	Í	E	J	Z	D	E	D	M	O
N	J	O	V	N	W	R	U	E	I	E	A	J	O	H
M	O	R	F	K	T	A	S	G	O	T	P	D	S	P

AGUA
BOTÁNICO
RAMO
CLIMA
COMESTIBLE
COMPOST
ESPECIE
EXÓTICO
FLOR
FLORAL
HOJA
FOLLAJE
MANGUERA
HUERTO
CONTENEDOR
ESTACIONAL
SEMILLAS
SUELO
SUCIEDAD
HUMEDAD

77 - Profissões #2

G	U	Y	K	O	L	K	C	B	D	G	Q	M	A	P
Z	O	Q	Q	F	K	S	P	I	E	Y	D	S	T	I
D	R	D	S	O	X	F	R	P	R	C	K	J	S	L
K	E	K	R	S	D	D	O	E	O	U	B	O	I	O
I	I	N	J	Ó	X	U	F	R	D	B	J	F	Ü	T
W	N	F	T	L	E	S	E	I	A	I	Z	A	G	O
M	E	V	N	I	X	T	S	O	R	Ó	O	R	N	R
U	G	H	E	F	S	P	O	D	T	L	Ó	G	I	O
O	N	J	K	N	Í	T	R	I	S	O	L	Ó	L	T
M	I	K	W	R	T	I	A	S	U	G	O	T	O	N
M	É	D	I	C	O	O	I	T	L	O	G	O	F	I
N	L	C	Í	M	B	V	R	A	I	D	O	F	I	P
S	L	L	L	Z	A	G	R	I	C	U	L	T	O	R
I	N	V	E	S	T	I	G	A	D	O	R	L	H	T
Z	B	O	A	S	T	R	O	N	A	U	T	A	N	M

AGRICULTOR
ASTRONAUTA
BIÓLOGO
CIRUJANO
DENTISTA
INGENIERO
FILÓSOFO
FOTÓGRAFO
ILUSTRADOR
INVENTOR
INVESTIGADOR
PERIODISTA
LINGÜISTA
MÉDICO
PILOTO
PINTOR
PROFESOR
ZOÓLOGO

78 - Café

N	C	Z	Í	K	L	Í	Í	J	Q	U	F	X	Z	A
E	E	A	A	Q	R	M	T	J	N	U	S	O	S	Í
G	N	G	V	A	R	I	E	D	A	D	N	M	Q	I
I	A	I	R	M	O	L	E	R	R	Í	O	Í	D	O
R	S	B	T	O	G	R	A	M	A	A	I	L	H	N
O	A	E	T	A	M	E	R	C	L	E	C	H	E	N
G	D	F	H	D	Z	Z	T	Í	V	G	E	Ú	H	Q
Z	O	T	N	Q	A	A	U	G	A	W	R	S	Z	S
I	L	Q	P	B	E	B	I	D	A	C	P	O	S	A
L	Í	Q	U	I	D	O	L	H	M	D	V	G	H	B
C	A	F	E	Í	N	A	U	O	O	B	V	M	X	O
E	G	R	F	A	Í	L	Y	Z	R	N	V	L	S	R
H	R	Z	Y	M	A	Ñ	A	N	A	J	E	X	V	S
F	I	L	T	R	O	P	M	E	A	W	A	C	F	R
J	N	U	K	V	O	D	Q	Z	Y	C	P	K	R	S

AZÚCAR
AMARGO
AROMA
ASADO
AGUA
BEBIDA
CAFEÍNA
TAZA
CREMA
FILTRO
LECHE
LÍQUIDO
MAÑANA
MOLER
ORIGEN
PRECIO
NEGRO
SABOR
VARIEDAD

79 - Negócios

T	M	A	H	T	C	T	M	C	D	V	U	Q	A	Q
O	I	O	T	S	O	C	E	A	E	E	R	W	C	C
E	Q	E	N	A	B	Z	R	R	S	N	M	Q	I	X
M	M	E	N	E	U	N	C	R	C	T	U	H	R	C
A	A	P	K	D	D	Q	A	E	U	A	U	U	B	E
S	P	C	L	Y	A	A	N	R	E	X	M	H	Á	Z
E	Z	O	Q	E	S	A	C	A	N	I	C	I	F	O
R	M	M	Q	W	A	F	Í	K	T	L	U	C	R	O
P	G	S	R	O	Z	D	A	R	O	R	E	N	I	D
M	E	X	X	F	N	L	O	A	U	Z	W	U	G	K
E	M	P	L	E	A	D	O	R	V	U	R	Í	N	G
O	S	E	R	G	N	I	M	P	U	E	S	T	O	S
W	J	S	N	Ó	I	S	R	E	V	N	I	T	U	K
O	R	C	S	A	F	E	C	O	N	O	M	Í	A	C
P	R	E	S	U	P	U	E	S	T	O	T	X	Y	M

CARRERA
COSTO
DESCUENTO
DINERO
ECONOMÍA
EMPLEADO
EMPLEADOR
EMPRESA
OFICINA
FÁBRICA
FINANZAS
IMPUESTOS
INVERSIÓN
TIENDA
LUCRO
MERCANCÍA
MONEDA
PRESUPUESTO
INGRESO
VENTA

80 - Fazenda #2

N	C	D	I	A	O	Q	Í	U	Z	K	N	W	L	T
V	O	H	P	J	G	C	V	X	P	Í	K	Y	L	F
E	R	O	Z	C	C	O	L	M	E	N	A	H	A	Q
I	D	G	R	A	N	E	R	O	H	H	T	M	M	N
P	E	I	V	R	O	T	L	U	C	I	R	G	A	A
C	R	R	E	I	C	T	Y	X	E	P	N	K	J	P
C	O	T	G	E	L	O	R	Y	L	X	I	V	E	A
E	E	R	E	G	J	M	R	E	A	H	U	X	V	S
B	F	A	T	O	D	A	R	P	U	X	K	P	O	T
A	T	C	A	R	G	T	Q	V	V	H	P	A	F	O
D	Y	T	L	U	T	U	H	T	L	D	V	T	C	R
A	E	O	G	D	U	R	Q	Z	U	D	X	O	Q	I
Q	V	R	C	A	P	F	K	G	P	V	K	I	K	J
B	U	J	I	M	U	K	Y	V	C	V	L	V	Z	A
H	K	A	N	I	M	A	L	E	S	J	L	D	E	A

AGRICULTOR
ANIMALES
GRANERO
CEBADA
COLMENA
CORDERO
FRUTA
RIEGO
LECHE
LLAMA
MADURO
MAÍZ
OVEJA
PASTOR
PATO
HUERTO
PRADO
TRACTOR
TRIGO
VEGETAL

81 - Jardim

V	Í	T	R	A	S	T	R	I	L	L	O	H	V	C
W	V	R	W	X	G	Q	W	C	Í	R	D	U	I	J
C	T	A	R	E	U	G	N	A	M	S	Y	E	D	P
L	F	M	S	A	P	K	P	H	T	Q	T	R	O	T
S	I	P	Í	X	I	A	S	P	O	M	E	T	S	Q
T	A	O	Í	F	D	T	E	F	F	Q	M	O	F	A
E	R	L	L	I	L	X	J	T	E	R	R	A	Z	A
S	B	Í	Q	P	O	O	A	L	A	P	J	T	W	L
T	U	N	Í	O	B	M	R	J	A	R	D	Í	N	L
A	S	P	V	X	R	Y	A	O	C	N	A	B	V	A
N	T	R	O	T	Á	U	G	W	I	É	S	C	F	V
Q	O	Í	L	R	H	I	E	R	B	A	S	Í	Q	C
U	A	E	E	A	C	A	M	A	H	U	S	P	Z	J
E	B	L	U	T	F	H	I	Z	Y	H	X	N	E	B
N	P	C	S	F	P	D	E	M	C	M	G	F	R	D

RASTRILLO
ARBUSTO
ÁRBOL
BANCO
VALLA
FLOR
GARAJE
HIERBA
CÉSPED
JARDÍN
ESTANQUE
HAMACA
MANGUERA
PALA
HUERTO
SUELO
TERRAZA
TRAMPOLÍN
PORCHE
VID

82 - Oceano

T	D	H	D	Y	E	B	Q	Z	Z	M	R	M	E	S
Q	O	J	E	R	G	N	A	C	F	P	E	A	S	K
H	D	R	B	Í	O	P	R	L	S	Q	H	R	P	W
Q	A	H	M	A	N	Ú	T	A	L	Q	V	E	O	P
F	C	L	G	E	R	G	S	L	F	E	M	A	N	F
W	S	C	A	L	N	C	O	G	U	M	N	S	J	R
W	E	W	O	K	B	T	O	A	Z	D	X	A	A	M
V	P	S	I	N	Z	W	A	L	I	U	G	N	A	D
R	B	A	R	Ó	S	F	G	D	E	L	F	Í	N	V
C	A	M	A	R	Ó	N	U	P	S	Q	T	A	E	S
W	S	D	Í	U	V	K	T	U	A	Y	Í	H	A	Í
Y	U	D	K	B	Z	C	R	L	L	A	R	O	C	Y
Q	D	I	P	I	J	F	O	P	S	B	Z	L	P	R
N	E	C	I	T	H	K	T	O	R	P	Í	Q	V	W
N	M	S	A	R	R	E	C	I	F	E	O	R	D	M

ALGA
ATÚN
BALLENA
BARCO
CAMARÓN
CANGREJO
CORAL
ANGUILA
ESPONJA
DELFÍN
MAREAS
MEDUSA
OSTRA
PESCADO
PULPO
ARRECIFE
SAL
TORTUGA
TORMENTA
TIBURÓN

83 - Profissões #1

E	C	V	J	W	P	D	E	Z	T	Í	K	Í	P	C
G	N	I	N	I	I	D	S	D	R	P	F	D	I	A
E	U	F	E	N	Í	R	A	L	I	A	B	C	A	R
Ó	O	R	E	N	A	T	N	O	F	T	V	J	N	T
L	G	A	M	R	T	Z	T	Q	N	O	O	O	I	Ó
O	O	S	Ú	A	M	Í	G	V	I	O	J	R	S	G
G	L	T	S	W	Y	E	F	F	I	D	B	E	T	R
O	Ó	R	I	V	Q	N	R	I	I	A	A	N	A	A
R	C	Ó	C	I	H	J	N	A	C	G	N	I	T	F
E	I	N	O	S	D	G	P	U	A	O	Q	R	S	O
Y	S	O	R	E	B	M	O	B	K	B	U	A	I	M
O	P	M	C	A	Z	A	D	O	R	A	E	M	T	B
J	T	O	A	W	B	I	Z	M	O	D	R	N	R	Y
E	M	B	A	J	A	D	O	R	I	U	O	I	A	V
U	V	E	T	E	R	I	N	A	R	I	O	H	V	K

ABOGADO
ARTISTA
ASTRÓNOMO
BANQUERO
BOMBERO
CAZADOR
CARTÓGRAFO
CIENTÍFICO
BAILARÍN
EDITOR
EMBAJADOR
FONTANERO
ENFERMERA
GEÓLOGO
JOYERO
MARINERO
MÚSICO
PIANISTA
PSICÓLOGO
VETERINARIO

84 - Força e Gravidade

P	D	I	N	Á	M	I	C	O	O	L	P	M	B	X
L	F	Í	S	I	C	A	X	P	T	F	R	M	L	O
A	B	Y	N	L	R	J	N	U	N	D	O	E	J	E
N	M	Z	M	K	K	X	X	D	E	A	P	C	E	U
E	R	A	I	C	N	A	T	S	I	D	I	Á	X	N
T	S	Z	G	T	A	F	M	T	M	I	E	N	P	I
A	N	L	P	N	I	O	C	U	I	C	D	I	A	V
S	V	K	D	N	E	E	A	Q	V	O	A	C	N	E
X	P	E	Q	G	K	T	M	E	O	L	D	A	S	R
O	T	C	A	P	M	I	I	P	M	E	E	B	I	S
X	R	Q	G	Í	H	W	P	S	O	V	S	L	Ó	A
O	Í	T	Í	D	F	Y	G	E	M	Z	W	L	N	L
M	A	G	N	I	T	U	D	Z	Z	O	S	E	P	H
N	Ó	I	S	E	R	P	Ó	R	B	I	T	A	Q	G
K	D	N	Ó	I	C	C	I	R	F	W	B	E	G	S

FRICCIÓN
CENTRO
DINÁMICO
DISTANCIA
EJE
EXPANSIÓN
FÍSICA
IMPACTO
MAGNETISMO
MAGNITUD
MECÁNICA
MOVIMIENTO
ÓRBITA
PESO
PLANETAS
PRESIÓN
PROPIEDADES
VELOCIDAD
TIEMPO
UNIVERSAL

85 - Abelhas

R	B	E	N	E	F	I	C	I	O	S	O	B	I	F
Í	E	Y	P	S	J	L	E	I	M	Y	G	P	S	L
D	Í	I	H	O	H	W	N	J	A	R	D	Í	N	O
H	I	U	N	L	Y	Z	J	C	T	B	O	O	C	R
C	A	V	W	A	X	Í	A	O	U	R	O	T	B	E
Y	E	C	E	U	D	F	M	L	R	Q	Z	Z	E	S
I	S	R	S	R	R	T	B	M	F	I	K	Í	T	Q
S	F	X	A	O	S	H	R	E	A	F	L	O	R	K
I	F	M	Q	P	A	I	E	N	V	C	S	N	M	S
P	O	L	E	N	T	C	D	A	C	E	V	E	Q	W
O	T	C	E	S	N	I	Z	A	Z	A	L	A	S	O
F	H	U	M	O	A	V	G	W	D	Z	S	W	M	X
O	Í	J	Q	J	L	O	M	C	F	G	E	V	H	Q
D	X	E	F	U	P	H	Á	B	I	T	A	T	D	D
B	A	I	E	C	O	S	I	S	T	E	M	A	Q	X

ALAS
BENEFICIOSO
CERA
COLMENA
DIVERSIDAD
ECOSISTEMA
ENJAMBRE
FLOR
FLORES
FRUTA
HUMO
HÁBITAT
INSECTO
JARDÍN
MIEL
PLANTAS
POLEN
REINA
SOL

86 - Ciência

L	O	M	O	T	Á	E	O	H	C	E	H	E	P	C
A	B	Y	X	W	R	O	C	I	W	L	Y	Y	Z	I
B	S	O	T	A	D	X	I	P	S	J	I	B	C	E
O	E	F	Í	G	U	M	M	Ó	X	U	N	M	I	N
R	R	S	A	L	U	C	Í	T	R	A	P	M	A	T
A	V	G	Z	M	T	M	U	E	M	C	Y	É	R	Í
T	A	R	E	M	O	N	Q	S	E	I	C	T	O	F
O	C	A	L	P	I	L	M	I	X	S	G	O	J	I
R	I	V	A	P	P	N	É	S	G	Í	J	D	I	C
I	Ó	E	R	B	M	E	E	C	K	F	Y	O	L	O
O	N	D	U	E	Q	C	I	R	U	F	Ó	S	I	L
D	J	A	T	K	S	A	T	N	A	L	P	P	C	F
D	F	D	A	R	Q	P	V	I	I	L	A	R	V	Q
B	R	E	N	Ó	I	C	U	L	O	V	E	S	R	H
O	R	G	A	N	I	S	M	O	Z	L	I	S	V	I

ÁTOMO
CIENTÍFICO
CLIMA
DATOS
EVOLUCIÓN
HECHO
FÍSICA
FÓSIL
GRAVEDAD
HIPÓTESIS

LABORATORIO
MÉTODO
MINERALES
MOLÉCULAS
NATURALEZA
OBSERVACIÓN
ORGANISMO
PARTÍCULAS
PLANTAS
QUÍMICO

87 - Comida #1

C	X	F	E	U	Q	O	C	I	R	A	B	L	A	A
X	U	S	L	D	O	G	R	E	E	W	K	I	C	Z
C	J	A	D	N	B	U	M	A	N	Í	R	M	S	Ú
C	E	L	B	E	Y	J	N	I	B	Ú	X	Ó	W	C
E	H	B	F	R	E	S	A	R	B	Z	T	N	N	A
B	C	E	O	M	M	X	C	O	S	O	P	A	E	R
A	E	O	J	L	Q	U	A	H	A	C	C	Í	N	Y
D	L	H	A	W	L	S	H	A	C	A	K	E	S	K
A	E	N	I	S	N	A	A	N	A	F	H	A	A	B
U	T	S	T	O	L	O	B	A	N	P	S	F	L	W
D	S	G	P	R	Z	E	L	Z	I	B	K	M	A	M
C	A	N	E	L	A	T	A	R	P	U	N	I	D	N
A	P	Q	D	E	Í	Í	U	M	S	W	C	T	A	K
O	L	N	U	C	L	L	M	U	E	Z	G	O	B	X
S	X	F	E	A	Y	R	F	S	F	Í	D	S	W	W

AZÚCAR
AJO
MANÍ
ATÚN
PASTEL
CANELA
CEBOLLA
ZANAHORIA
CEBADA
ALBARICOQUE
ESPINACAS
LECHE
LIMÓN
ALBAHACA
FRESA
NABO
SAL
ENSALADA
SOPA
JUGO

88 - Geometria

I	E	W	N	O	T	N	E	M	G	E	S	L	U	C
D	C	B	J	C	O	M	S	D	U	X	U	B	K	Í
I	U	D	A	L	Í	T	K	Í	F	Z	P	H	J	R
M	A	Í	R	T	E	M	I	S	U	K	E	M	P	C
E	C	M	U	O	L	U	C	L	Á	C	R	A	R	U
N	I	E	T	L	A	Ó	N	R	N	Í	F	S	O	L
S	Ó	D	L	U	T	Á	G	A	V	C	I	A	P	O
I	N	I	A	G	N	R	N	I	L	N	C	Í	O	R
Ó	Q	A	Í	N	O	Z	F	G	C	M	I	R	R	T
N	Q	N	Í	Á	Z	X	U	I	U	A	E	O	C	E
C	Z	A	F	I	I	E	H	U	S	L	T	E	I	M
G	U	C	U	R	R	P	W	U	Í	Z	O	T	Ó	Á
E	E	R	D	T	O	L	E	L	A	R	A	P	N	I
D	Q	C	V	E	H	V	E	R	T	I	C	A	L	D
J	C	U	W	A	X	I	C	K	O	N	E	L	R	D

ALTURA
ÁNGULO
CÁLCULO
CÍRCULO
CURVA
DIÁMETRO
DIMENSIÓN
ECUACIÓN
HORIZONTAL
LÓGICA
MASA
MEDIANA
PARALELO
PROPORCIÓN
SEGMENTO
SIMETRÍA
SUPERFICIE
TEORÍA
TRIÁNGULO
VERTICAL

89 - Pássaros

C	Z	D	Y	E	L	C	G	W	Í	U	T	V	P	G
D	U	I	N	M	N	I	A	P	Y	E	M	I	V	F
Q	O	E	C	N	A	G	R	H	N	T	Q	R	O	L
P	O	O	R	L	U	Ü	Z	F	Y	J	I	V	Q	Q
F	O	R	J	V	H	E	A	C	P	A	T	O	Í	T
D	C	L	Q	A	O	Ñ	J	I	G	A	N	S	O	Y
H	N	A	L	T	N	A	I	S	T	C	F	T	G	N
U	E	E	A	O	I	M	P	N	Ó	I	R	R	O	G
E	M	R	V	I	Ü	O	E	E	L	L	C	V	C	U
V	A	O	E	V	G	L	L	R	E	O	T	C	U	B
O	L	V	S	A	N	A	Í	L	L	P	R	J	C	T
U	F	A	T	G	I	P	C	K	A	S	G	O	S	U
N	A	P	R	Í	P	W	A	L	I	U	G	Á	O	C
T	P	X	U	K	H	R	N	H	M	L	I	Z	G	Á
A	I	D	Z	E	S	J	O	G	K	T	T	W	L	N

AVESTRUZ
ÁGUILA
CIGÜEÑA
CISNE
CUERVO
CUCO
FLAMENCO
POLLO
GAVIOTA
GANSO
GARZA
HUEVO
LORO
GORRIÓN
PATO
PAVO REAL
PELÍCANO
PINGÜINO
PALOMA
TUCÁN

90 - Literatura

K	B	Z	D	M	B	I	O	Q	M	N	O	A	D	T
Í	B	I	A	L	E	V	O	N	D	Ó	R	N	W	R
A	Y	Q	O	L	I	T	S	E	A	I	O	Á	G	A
N	W	R	C	G	A	V	Á	X	S	C	D	L	J	G
A	M	I	R	S	R	Y	V	F	A	P	A	I	A	E
L	W	E	G	O	R	A	H	F	O	I	R	S	U	D
O	N	Q	N	G	I	E	F	Q	U	R	R	I	T	I
G	L	H	O	T	T	M	A	Í	G	C	A	S	O	A
Í	Y	J	Q	A	M	H	K	E	A	S	N	M	R	I
A	H	U	Q	Y	O	D	R	Í	D	E	Ó	J	E	G
A	N	É	C	D	O	T	A	R	B	D	I	N	C	T
B	M	E	X	X	M	P	O	E	M	A	N	U	B	L
Y	H	C	O	L	C	P	F	I	C	C	I	Ó	N	C
D	I	Á	L	O	G	O	K	D	I	Y	P	Q	V	O
O	X	Í	N	Ó	I	S	U	L	C	N	O	C	C	P

ANALOGÍA
ANÁLISIS
ANÉCDOTA
AUTOR
BIOGRAFÍA
CONCLUSIÓN
DESCRIPCIÓN
DIÁLOGO
ESTILO
FICCIÓN
METÁFORA
NARRADOR
OPINIÓN
POEMA
RIMA
RITMO
NOVELA
TEMA
TRAGEDIA

91 - Química

N	N	T	E	M	P	E	R	A	T	U	R	A	U	H
F	C	Z	Z	D	I	A	F	K	W	Í	O	P	O	T
C	A	L	O	R	H	N	L	Í	Q	U	I	D	O	R
A	Q	H	U	L	J	U	M	O	L	É	C	U	L	A
C	L	O	O	D	I	C	Á	C	A	E	S	E	C	T
L	B	C	I	O	N	L	R	A	S	L	Y	N	A	E
O	O	I	A	W	L	E	Y	R	X	E	B	Z	T	L
R	V	N	H	L	H	A	R	B	U	M	J	I	A	E
O	A	Á	U	J	I	R	Z	O	S	E	P	M	L	C
D	M	G	I	Y	C	N	H	N	I	N	P	A	I	T
U	G	R	A	P	O	Y	O	O	U	T	D	G	Z	R
S	H	O	V	J	E	I	G	A	S	O	K	F	A	Ó
H	I	D	R	Ó	G	E	N	O	T	S	N	V	D	N
G	B	Z	A	F	V	D	O	N	E	G	Í	X	O	Z
W	I	D	C	Q	Z	S	Y	B	T	V	K	G	R	Y

ALCALINO
ÁCIDO
CALOR
CARBONO
CATALIZADOR
CLORO
ELEMENTOS
ELECTRÓN
ENZIMA
GAS
HIDRÓGENO
ION
LÍQUIDO
MOLÉCULA
NUCLEAR
ORGÁNICO
OXÍGENO
PESO
SAL
TEMPERATURA

92 - Clima

Y	W	D	P	R	A	L	O	P	O	G	D	K	J	V
N	P	W	W	C	A	M	I	L	C	D	K	S	G	A
P	W	I	Y	Í	G	Y	A	R	C	O	I	R	I	S
X	I	B	R	I	S	A	O	T	S	E	Q	U	Í	A
Y	R	I	A	R	U	T	A	R	E	P	M	E	T	M
A	P	O	P	Y	Í	N	N	U	O	G	J	U	L	B
D	T	C	R	D	X	E	I	E	Q	W	Y	E	P	H
H	Y	M	V	F	Z	M	E	N	Á	C	A	R	U	H
J	R	M	Ó	A	G	R	B	O	D	A	N	R	O	T
N	U	B	E	S	G	O	L	A	C	I	P	O	R	T
C	I	E	L	O	F	T	A	M	O	N	Z	Ó	N	K
S	A	H	P	L	S	E	K	Z	V	Y	X	O	Q	U
D	E	U	H	E	A	M	R	K	I	B	K	J	C	U
B	K	C	S	I	K	G	B	A	V	I	E	N	T	O
L	D	O	O	H	S	R	V	K	P	A	E	T	J	M

ARCO IRIS
ATMÓSFERA
BRISA
CIELO
CLIMA
HURACÁN
HIELO
MONZÓN
NIEBLA
NUBE
POLAR
RAYO
SEQUÍA
SECO
TEMPERATURA
TORMENTA
TORNADO
TROPICAL
TRUENO
VIENTO

93 - Arte

C	E	R	Á	M	I	C	A	P	M	M	R	X	Z	P
Q	O	A	N	Ó	I	C	I	S	O	P	M	O	C	E
Q	M	T	C	W	U	S	K	M	A	E	Q	D	T	R
N	S	A	D	R	P	V	W	P	Q	Í	S	W	Z	S
C	I	R	E	K	E	T	C	C	O	F	X	Í	D	O
O	L	T	W	A	V	A	B	T	K	I	Q	P	A	N
P	A	E	X	Í	H	B	R	C	I	G	E	I	R	A
L	E	R	J	N	B	C	O	O	N	U	X	N	U	L
O	R	I	G	I	N	A	L	M	S	R	P	T	T	V
T	R	O	X	H	Y	D	O	P	P	A	R	U	L	I
S	U	N	M	X	A	G	B	L	I	M	E	R	U	S
E	S	F	E	U	S	E	M	E	R	E	S	A	C	U
N	F	T	U	O	H	P	Í	J	A	T	I	S	S	A
O	L	L	I	C	N	E	S	O	D	S	Ó	L	E	L
H	H	L	P	A	F	S	C	S	O	W	N	R	Í	L

CERÁMICA
COMPLEJO
COMPOSICIÓN
CREAR
ESCULTURA
EXPRESIÓN
FIGURA
HONESTO
HUMOR
INSPIRADO
ORIGINAL
PERSONAL
PINTURAS
POESÍA
RETRATAR
SENCILLO
SÍMBOLO
TEMA
SURREALISMO
VISUAL

94 - Diplomacia

S	R	D	I	P	L	O	M	Á	T	I	C	O	Z	J
O	E	J	D	C	I	U	D	A	D	A	N	O	S	S
L	S	U	A	C	I	T	É	C	H	S	I	J	T	N
U	O	S	D	A	D	I	R	U	G	E	S	C	G	K
C	L	T	I	S	F	A	D	A	J	A	B	M	E	C
I	U	I	R	E	N	D	A	R	U	S	G	Q	M	O
Ó	C	C	G	S	Y	Ó	C	N	Q	O	J	R	B	M
N	I	I	E	O	T	C	I	L	F	N	O	C	A	U
J	Ó	A	T	R	S	J	T	S	S	C	D	D	J	N
Q	N	V	N	Q	C	U	Í	V	U	G	Y	C	A	I
F	P	O	I	P	U	W	L	G	N	C	X	H	D	D
G	O	B	I	E	R	N	O	M	F	J	S	M	O	A
N	Ó	I	C	A	R	E	P	O	O	C	Z	I	R	D
H	U	M	A	N	I	T	A	R	I	O	B	J	D	Q
I	D	I	O	M	A	S	T	R	A	T	A	D	O	F

CIUDADANOS
COMUNIDAD
CONFLICTO
ASESOR
COOPERACIÓN
DIPLOMÁTICO
DISCUSIÓN
EMBAJADA
EMBAJADOR
ÉTICA
GOBIERNO
HUMANITARIO
INTEGRIDAD
JUSTICIA
IDIOMAS
POLÍTICA
RESOLUCIÓN
SEGURIDAD
SOLUCIÓN
TRATADO

95 - Comida # 2

Y	Y	T	R	B	B	R	Ó	C	O	L	I	Í	K	S
R	M	H	P	C	E	C	E	R	E	Z	A	L	A	F
J	B	Y	L	K	I	R	Y	S	R	Q	V	H	L	V
A	N	A	Z	N	A	M	E	Z	B	V	U	U	C	M
M	B	F	F	E	C	W	Q	N	Y	A	L	E	A	P
Ó	G	S	P	F	U	Z	S	U	J	T	D	V	C	L
N	D	V	E	D	Q	U	G	Z	E	E	R	O	H	P
T	P	B	H	Y	F	O	M	W	L	S	N	Z	O	O
A	L	M	E	N	D	R	A	K	G	T	O	A	F	H
P	M	Y	M	U	P	W	M	I	Z	O	R	R	A	G
G	O	G	I	R	T	M	Q	W	M	M	S	E	T	A
Í	E	L	T	D	X	E	K	I	Z	A	C	A	O	J
Q	H	Í	L	H	Y	O	G	U	R	T	S	T	P	P
E	T	A	L	O	C	O	H	C	I	E	I	I	Y	B
P	E	S	C	A	D	O	N	A	T	Á	L	P	K	L

ALCACHOFA
ALMENDRA
ARROZ
PLÁTANO
BERENJENA
BRÓCOLI
CEREZA
CHOCOLATE
SETA
POLLO
YOGUR
KIWI
MANZANA
HUEVO
PESCADO
JAMÓN
QUESO
TOMATE
TRIGO
UVA

96 - Universo

E	L	B	I	S	I	V	T	W	X	O	Y	O	S	T
C	Z	A	X	C	Ó	S	M	I	C	O	O	A	O	E
U	A	S	T	E	R	O	I	D	E	M	I	R	L	L
A	N	U	L	G	A	Í	W	N	Y	L	R	E	S	E
D	U	T	I	G	N	O	L	L	Z	B	E	F	T	S
O	Z	C	A	R	U	L	A	Q	A	E	F	S	I	C
R	O	E	S	Z	C	E	S	Q	T	T	S	Ó	C	O
A	D	L	T	S	M	I	T	Z	I	N	I	M	I	P
L	Í	E	R	Q	R	C	R	B	B	O	M	T	O	I
O	A	S	Ó	Z	K	C	O	N	R	Z	E	A	U	O
S	C	T	N	B	N	U	N	Q	Ó	I	H	S	K	D
K	O	I	O	L	D	Y	O	P	I	R	I	M	U	Y
X	Y	A	M	B	J	P	M	O	C	O	S	J	F	W
I	N	L	O	C	Í	R	Í	M	J	H	I	G	V	A
H	O	J	M	I	S	T	A	I	X	A	L	A	G	R

ASTEROIDE
ASTRONOMÍA
ASTRÓNOMO
ATMÓSFERA
CELESTIAL
CIELO
CÓSMICO
ECUADOR
GALAXIA
HEMISFERIO
HORIZONTE
LATITUD
LONGITUD
LUNA
ÓRBITA
SOLAR
SOLSTICIO
TELESCOPIO
VISIBLE
ZODÍACO

97 - Jazz

N	X	N	F	G	H	V	F	A	M	O	S	O	B	Z
C	K	I	Ó	G	Q	L	L	W	E	T	M	U	V	G
O	T	R	E	I	C	N	O	C	S	N	L	T	A	E
M	U	B	L	Á	C	J	L	M	T	E	F	A	I	V
P	D	Z	R	U	Q	N	X	Q	I	L	P	I	Í	R
O	L	P	J	Q	P	U	A	F	L	A	M	U	F	S
S	E	R	O	B	M	A	T	C	O	T	A	C	S	Q
I	R	V	S	P	Q	C	N	O	R	T	Q	H	O	W
T	P	A	A	H	M	I	U	J	E	F	S	G	T	Z
O	Q	H	T	M	Ú	N	E	É	N	F	A	S	I	S
R	E	F	I	S	S	C	V	G	É	A	J	A	R	B
T	X	D	J	T	I	É	O	X	G	E	B	T	O	F
R	M	G	J	D	C	T	T	P	F	R	Í	T	V	B
V	I	E	J	O	A	O	R	Q	U	E	S	T	A	X
C	L	N	E	A	R	W	Q	A	P	C	D	U	F	P

ARTISTA
ÁLBUM
TAMBORES
CANCIÓN
COMPOSITOR
CONCIERTO
ESTILO
ÉNFASIS
FAMOSO
FAVORITOS
GÉNERO
MÚSICA
NUEVO
ORQUESTA
RITMO
TALENTO
TÉCNICA
VIEJO

98 - Barcos

S	U	S	P	Y	V	E	L	E	R	O	G	Z	M	J
L	A	G	O	A	T	N	Á	U	T	I	C	O	Á	H
L	E	L	S	T	R	R	Í	O	W	G	U	S	S	C
X	R	Í	O	E	I	P	T	E	D	D	C	U	T	Y
K	A	Y	A	K	P	T	J	P	J	S	Q	E	I	X
C	M	M	F	X	U	O	G	M	B	O	Y	A	L	T
B	R	U	A	S	L	A	B	A	N	Í	R	D	L	K
B	V	M	V	H	A	G	P	R	Q	M	R	R	W	S
M	F	U	A	T	C	O	C	I	R	C	E	E	A	P
Y	O	E	L	R	I	C	Y	N	G	W	F	U	U	W
W	Y	T	G	R	Ó	É	H	E	Y	G	S	C	X	V
H	X	T	O	U	N	A	Í	R	A	N	C	L	A	Q
M	N	F	G	R	C	N	E	O	E	H	G	H	V	S
J	C	C	V	S	G	O	P	Y	Y	Y	X	Z	E	W
Q	L	L	U	C	L	N	G	X	C	A	N	O	A	O

ANCLA
FERRY
BOYA
KAYAK
CANOA
CUERDA
YATE
BALSA
LAGO
MAR
MAREA
MARINERO
MÁSTIL
MOTOR
NÁUTICO
OCÉANO
OLAS
RÍO
TRIPULACIÓN
VELERO

99 - Mamíferos

N	Q	C	W	X	Q	C	E	T	O	Y	O	C	L	P
Y	O	E	B	C	Y	O	A	L	V	C	P	N	A	Í
C	Z	B	Z	Í	T	N	Z	B	E	K	Y	X	U	M
S	U	R	G	W	O	K	D	O	A	F	G	N	Y	E
N	U	A	A	F	A	R	I	J	J	L	A	Z	R	S
N	G	L	T	J	N	Ó	E	L	M	A	L	N	O	P
F	I	G	O	J	E	N	O	C	C	R	Í	O	T	E
K	M	J	R	X	L	V	U	F	A	Y	L	B	S	E
J	T	H	U	C	L	X	O	S	M	L	V	X	A	L
O	Í	U	G	G	A	O	R	R	E	P	M	G	C	O
L	O	O	N	M	B	Z	R	Z	L	Q	O	U	H	B
K	E	J	A	W	S	J	O	Z	L	Z	N	Í	X	O
O	Q	T	C	X	B	G	Z	I	O	N	O	X	E	K
A	G	O	R	I	L	A	D	E	L	F	Í	N	P	N
T	O	R	O	Y	C	L	M	S	E	P	N	A	M	Y

BALLENA
CAMELLO
CANGURO
CASTOR
CABALLO
PERRO
CONEJO
COYOTE
ELEFANTE
GATO
JIRAFA
DELFÍN
GORILA
LEÓN
LOBO
MONO
OVEJA
ZORRO
TORO
CEBRA

100 - Atividades e Lazer

O	X	N	G	D	Z	A	O	E	C	U	B	H	P	U
T	S	I	S	Q	A	B	H	T	W	T	W	R	I	R
Q	P	Y	O	T	S	E	C	N	O	L	A	B	N	L
M	L	O	B	S	I	É	B	A	A	L	A	Y	T	Í
V	I	A	J	E	Y	E	N	J	E	V	Q	B	U	S
Y	K	E	G	N	I	P	M	A	C	Í	Í	O	R	E
X	S	I	L	O	B	I	E	L	O	V	I	X	A	N
P	T	D	D	I	S	A	T	E	N	I	S	E	B	D
P	E	E	Í	C	H	J	S	R	M	A	A	O	G	E
U	E	L	D	I	T	T	G	O	L	F	R	M	K	R
N	E	S	R	F	F	Ú	T	B	O	L	E	L	K	I
N	N	S	C	A	Í	R	E	N	I	D	R	A	J	S
I	Í	O	Y	A	F	Í	L	U	D	V	R	A	S	M
S	U	R	F	N	Y	B	A	R	T	E	A	U	P	O
E	B	O	N	A	T	A	C	I	Ó	N	C	O	Í	Y

CAMPING
ARTE
BALONCESTO
BÉISBOL
BOXEO
SENDERISMO
CARRERAS
FÚTBOL
GOLF
AFICIONES
JARDINERÍA
BUCEO
NATACIÓN
PESCA
PINTURA
RELAJANTE
SURF
TENIS
VIAJE
VOLEIBOL

1 - Dirigindo

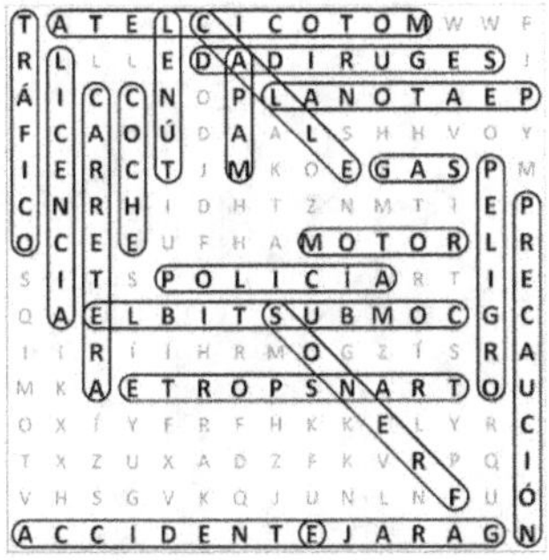

2 - Antiguidades

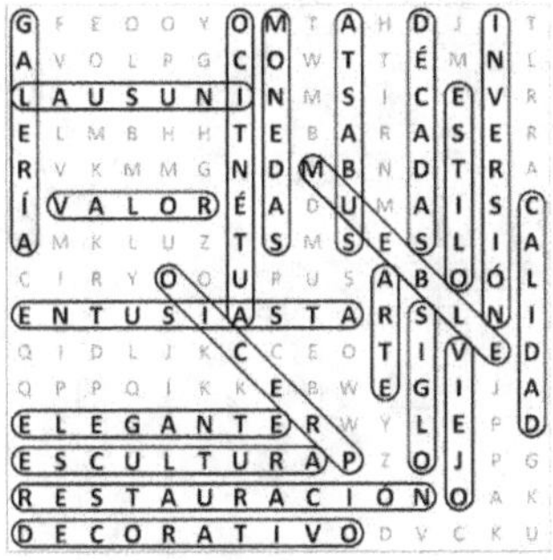

3 - Churrascos

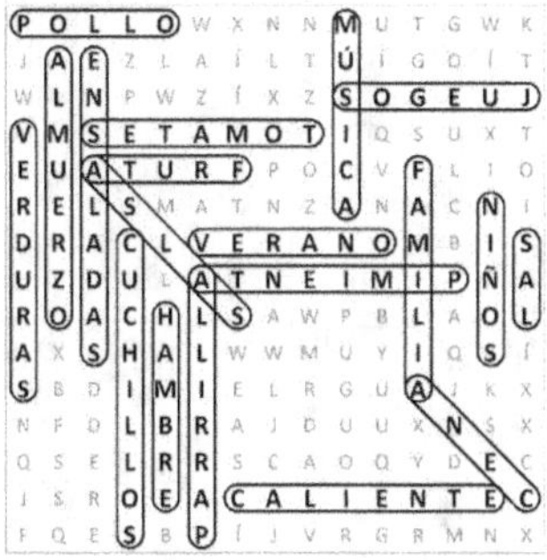

4 - Geologia

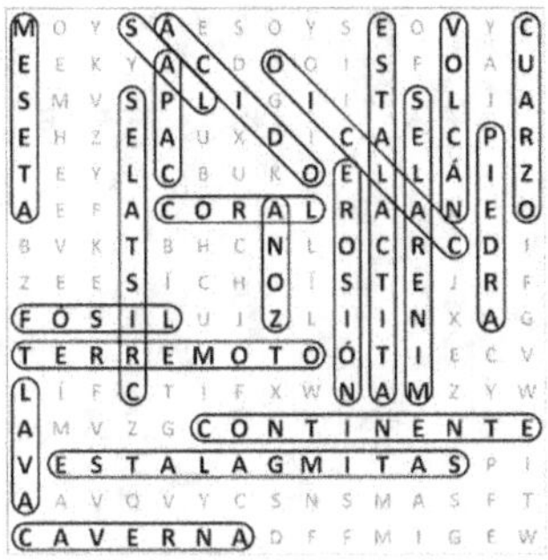

5 - Ética

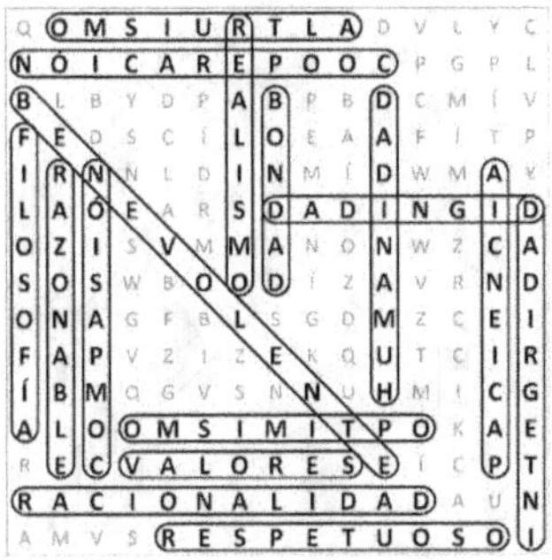

6 - Tempo

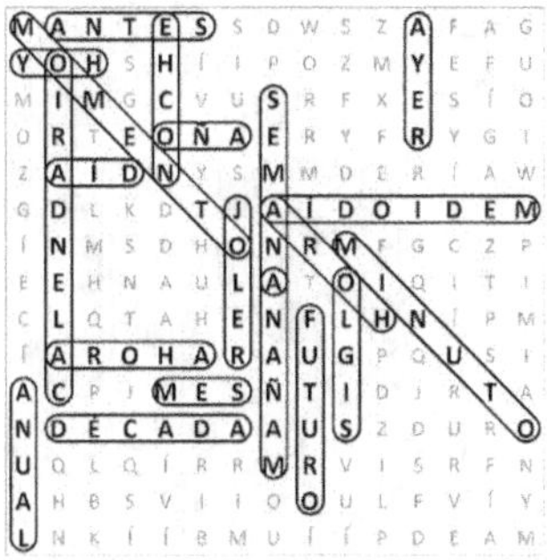

7 - Astronomia

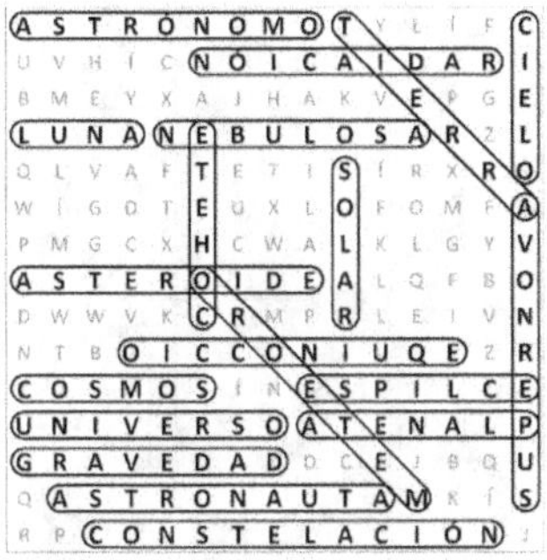

8 - Acampamento

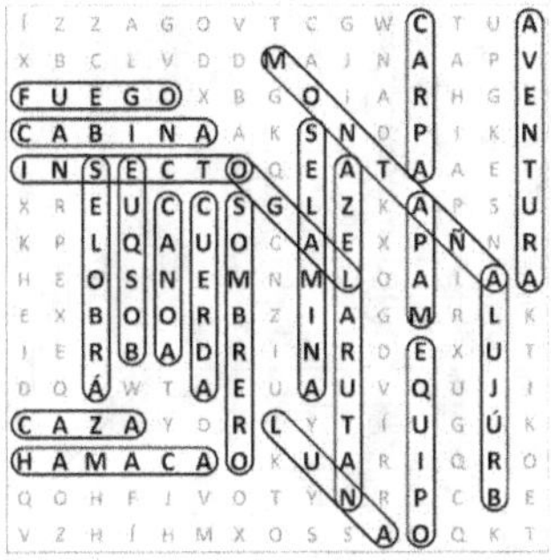

9 - Emoções

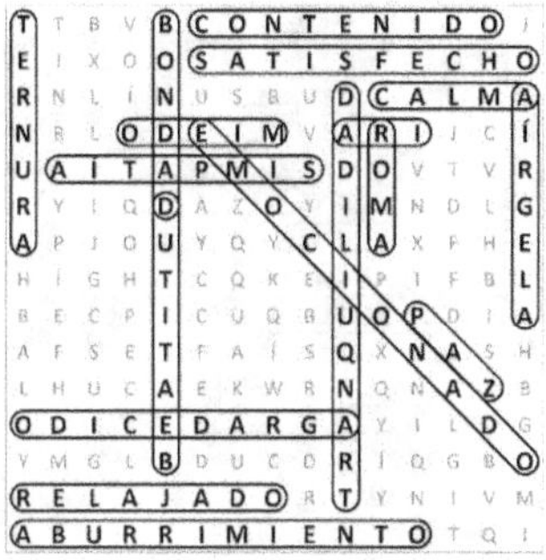

10 - Ficção Científica

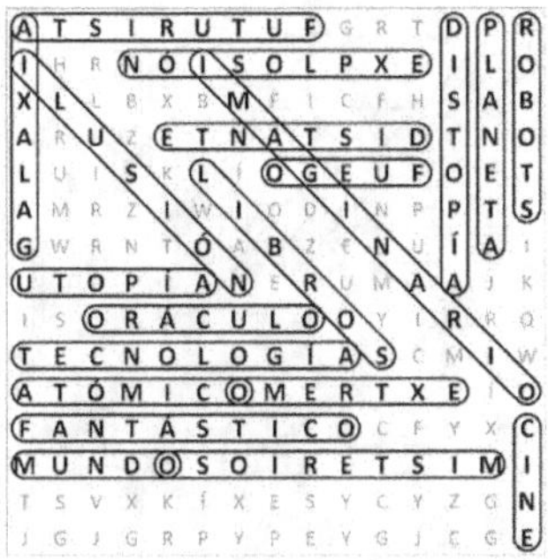

11 - Mitologia

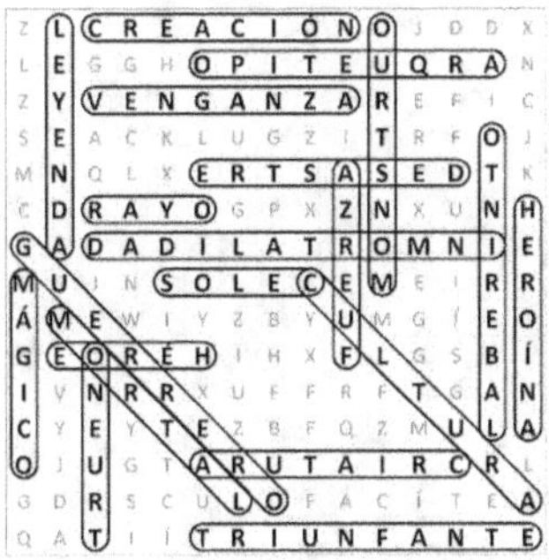

12 - Medições

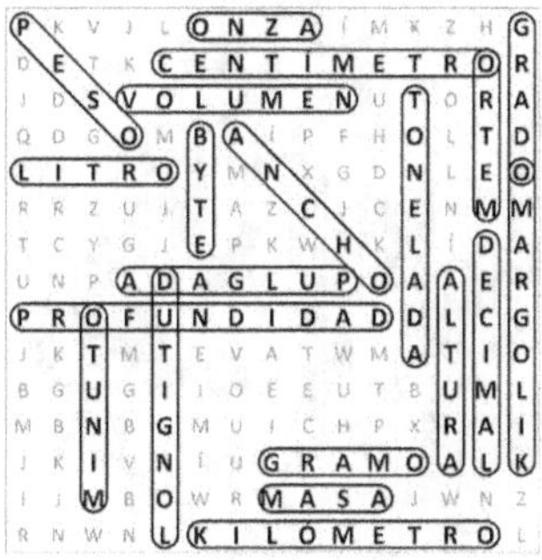

13 - Álgebra

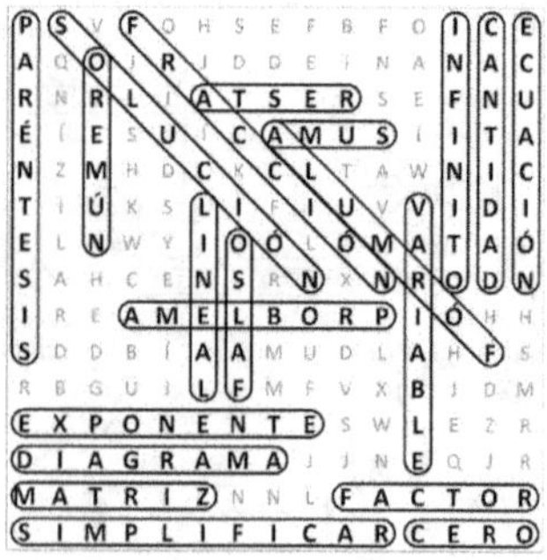

14 - Plantas

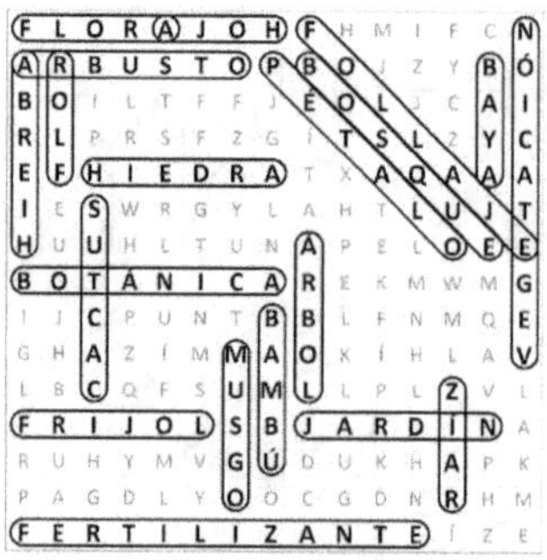

15 - Veículos

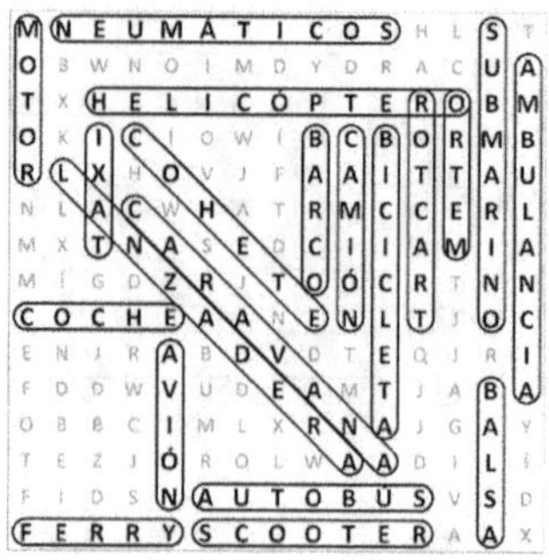

16 - Engenharia

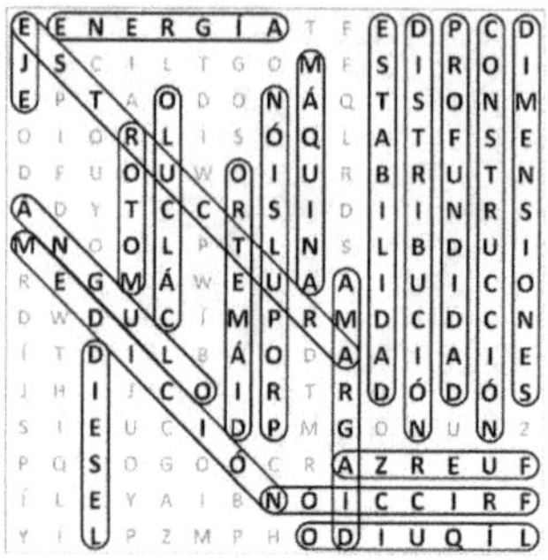

17 - Restaurante # 2

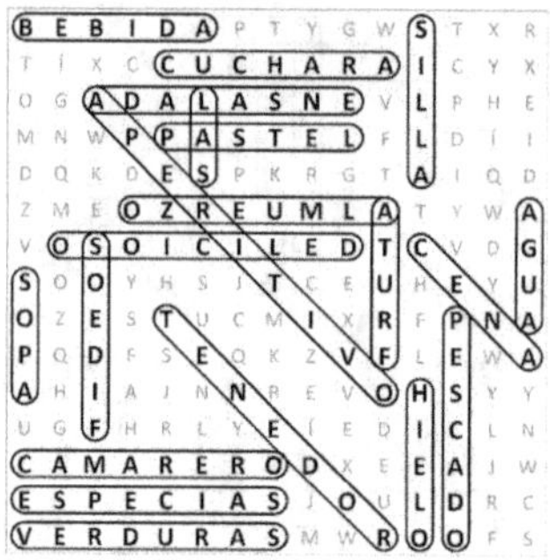

18 - Países #2

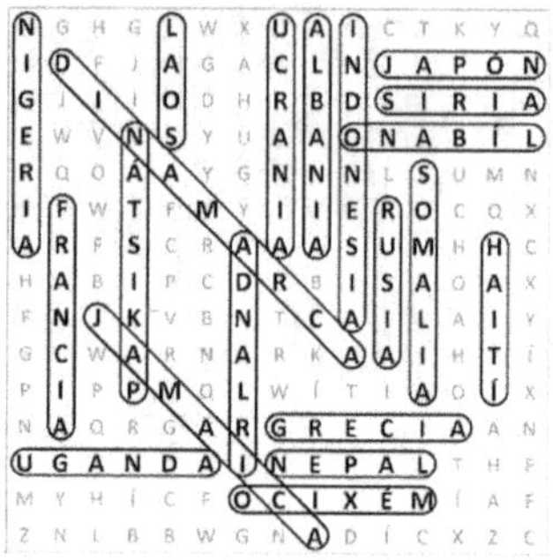

19 - Cozinha

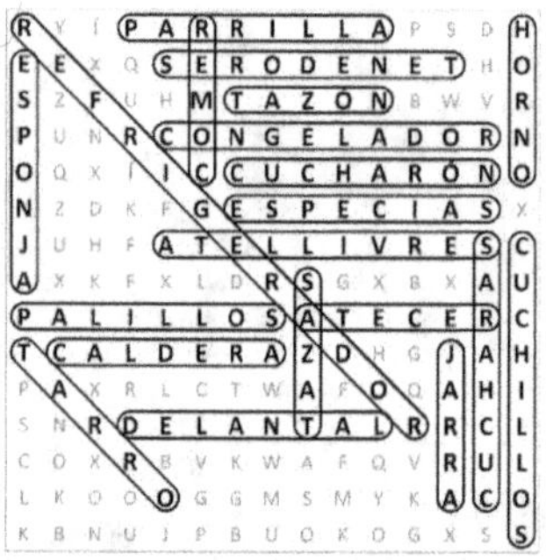

20 - Material de Arte

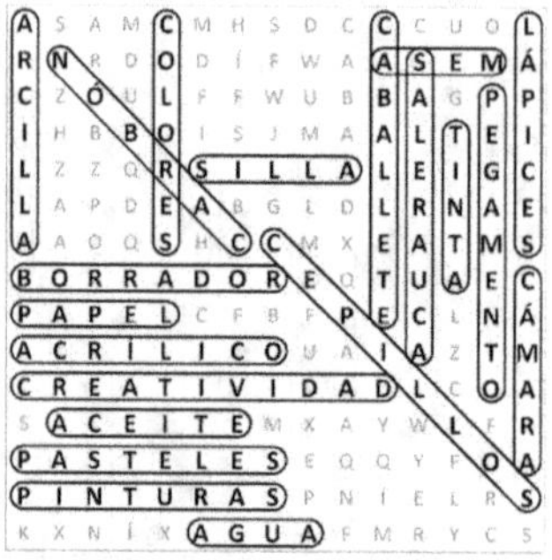

21 - Números

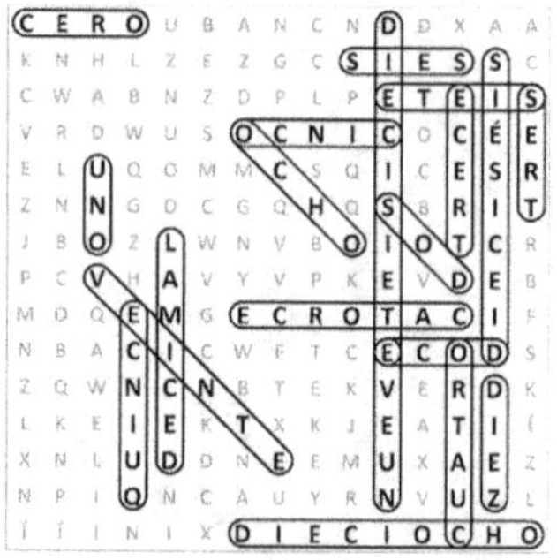

22 - Física

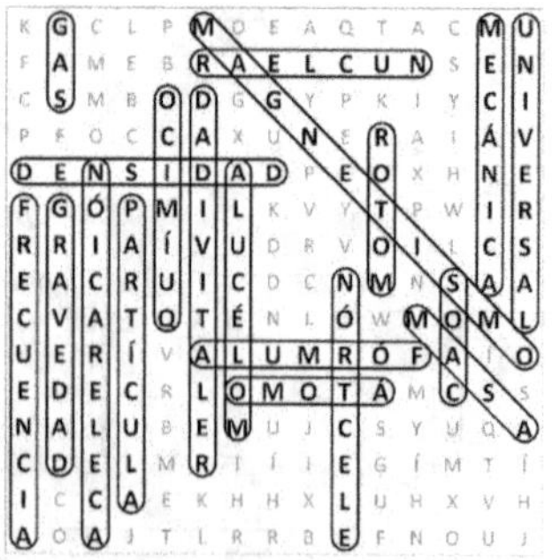

23 - Especiarias

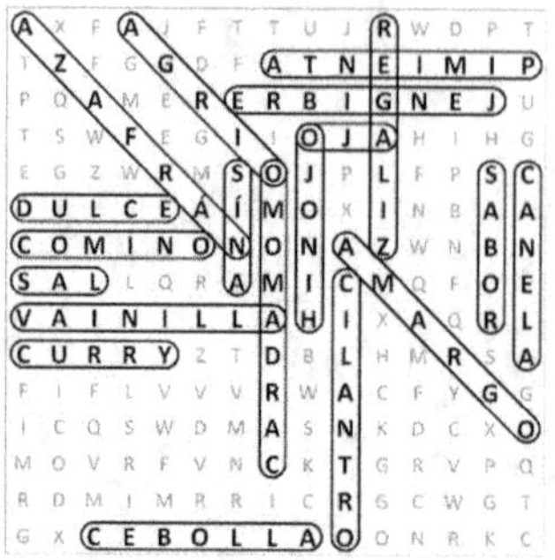

24 - Países #1

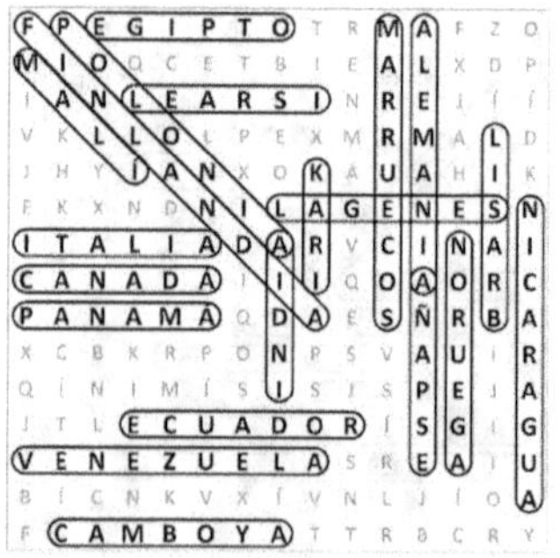

25 - A Mídia

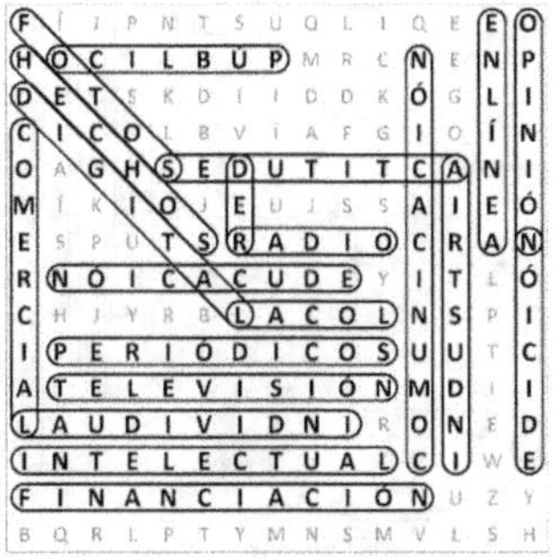

26 - Casa

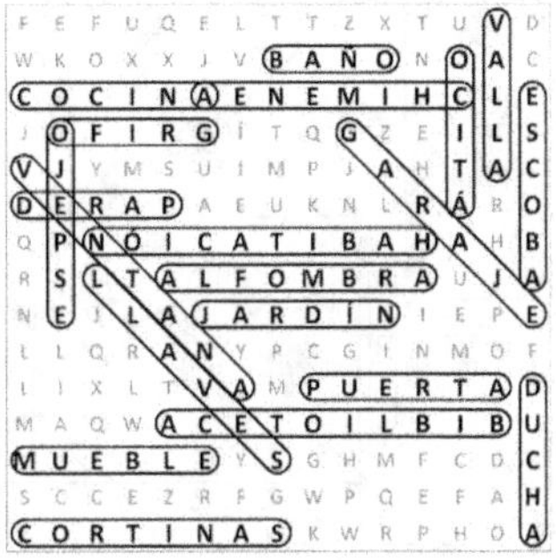

27 - Vegetais

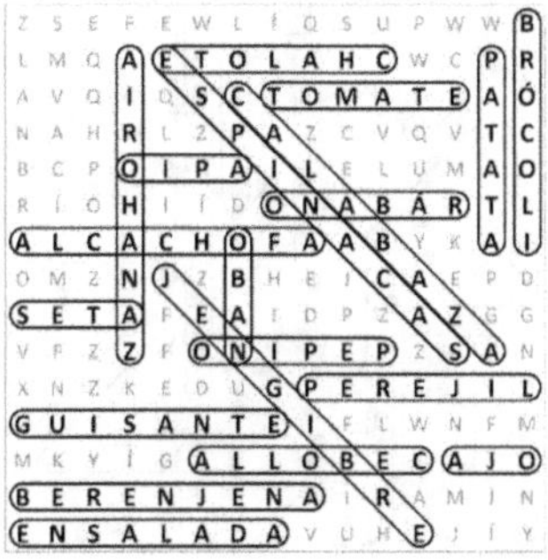

28 - Balé

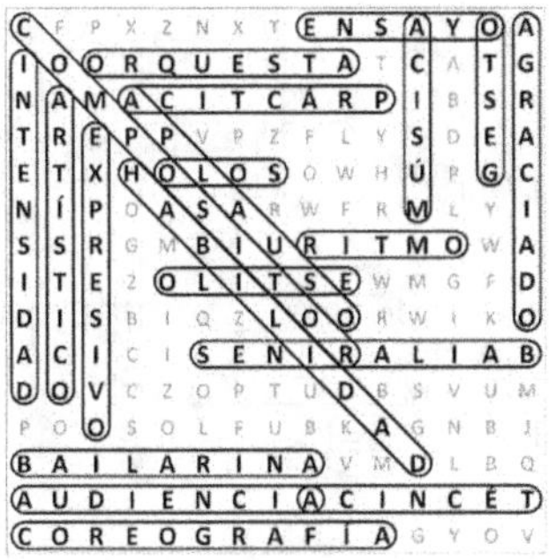

29 - Adjetivos #1

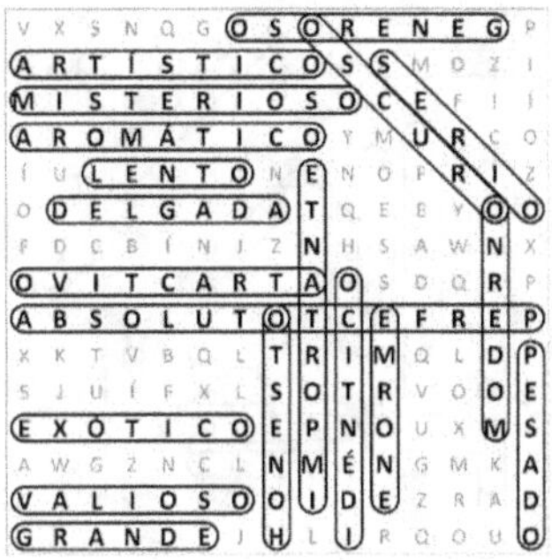

30 - Psicologia

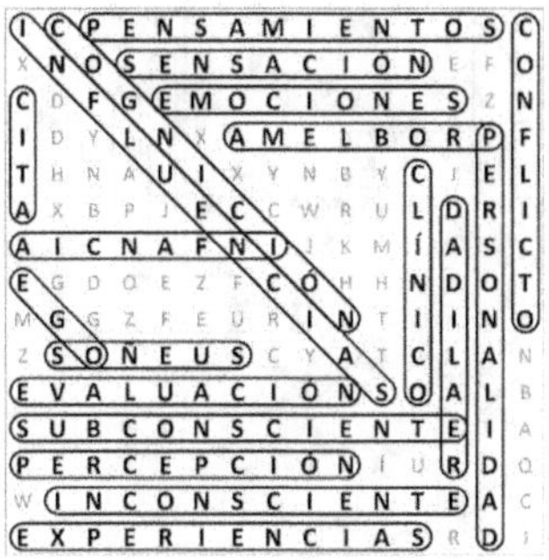

31 - Paisagens

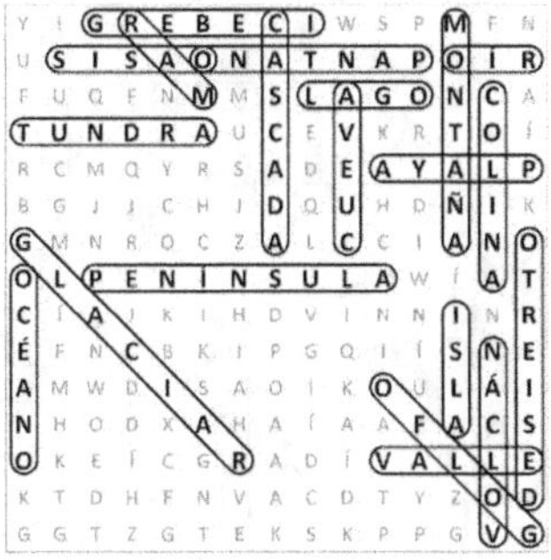

32 - Dança

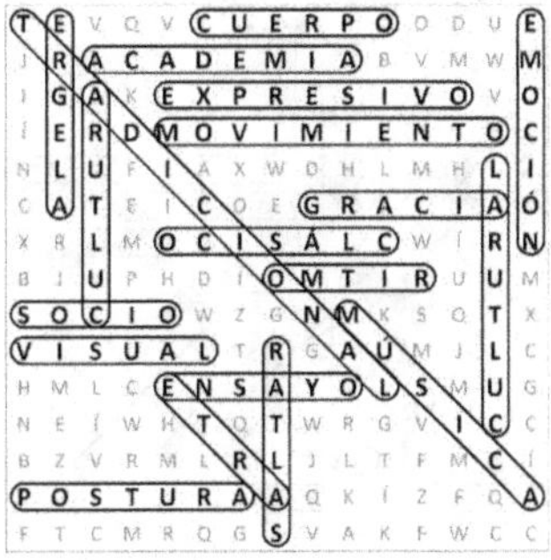

33 - Nutrição

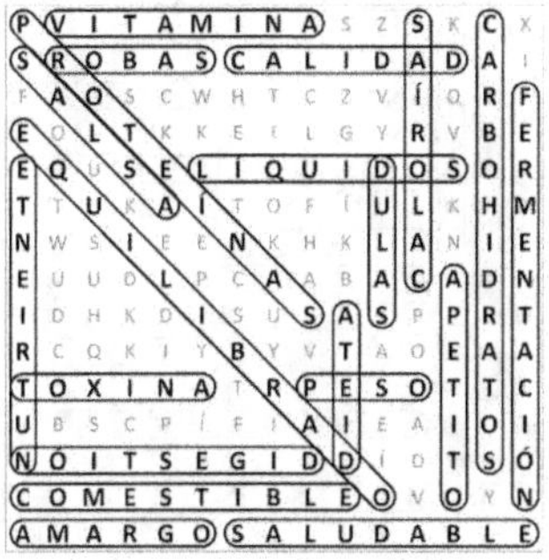

34 - Energia

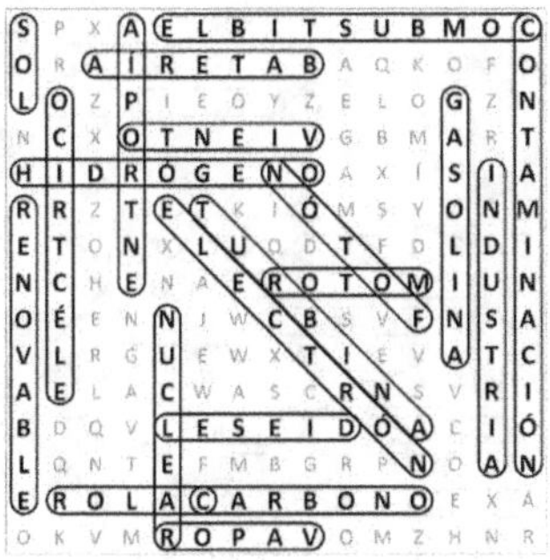

35 - Disciplinas Científicas

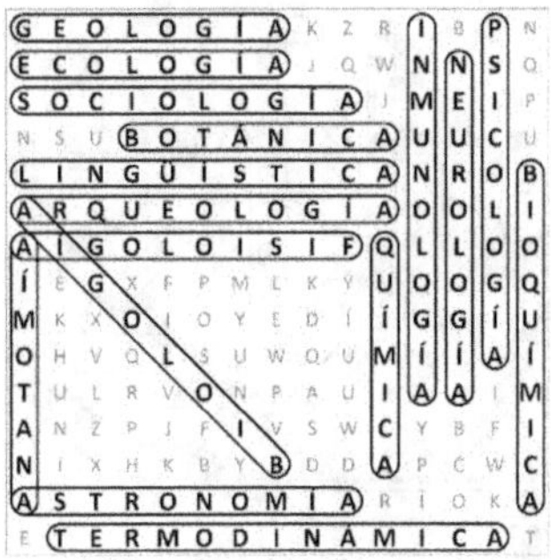

36 - Meditação

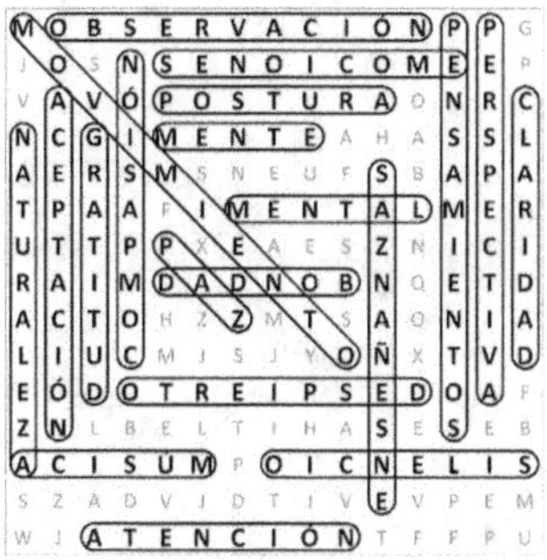

37 - Artes Visuais

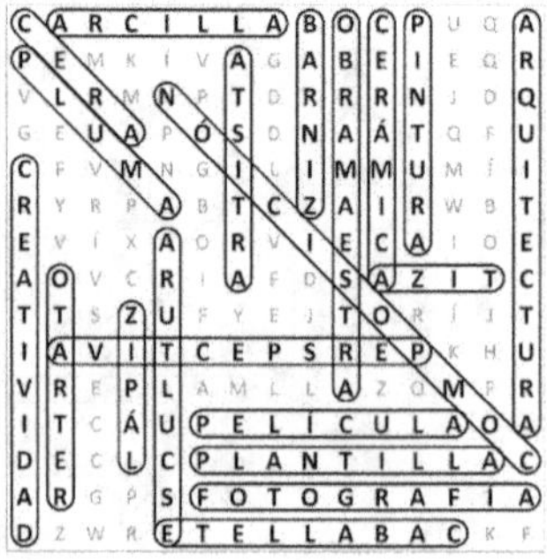

38 - Instrumentos Musicais

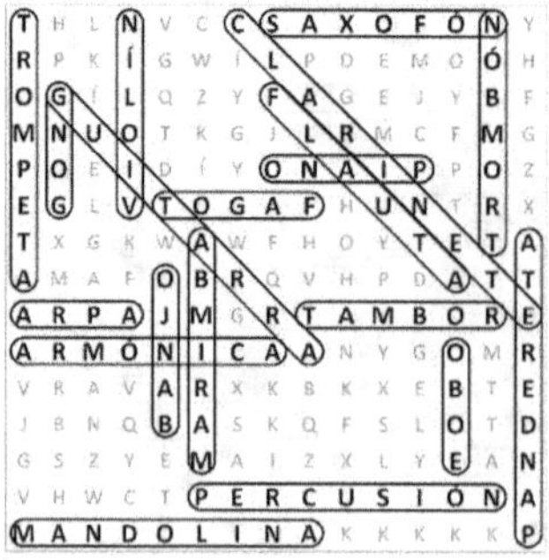

39 - Adjetivos #2

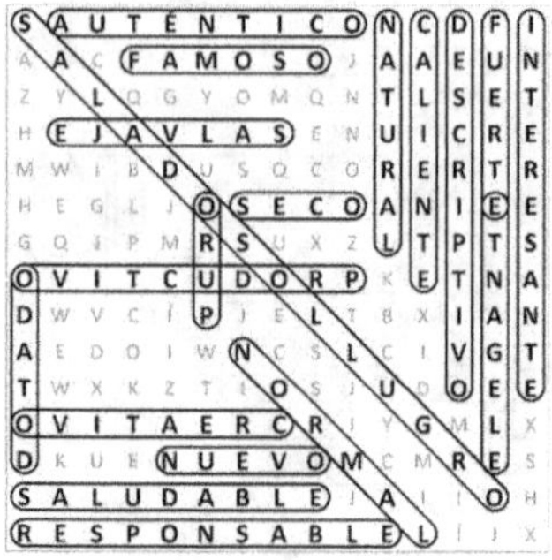

40 - Roupas

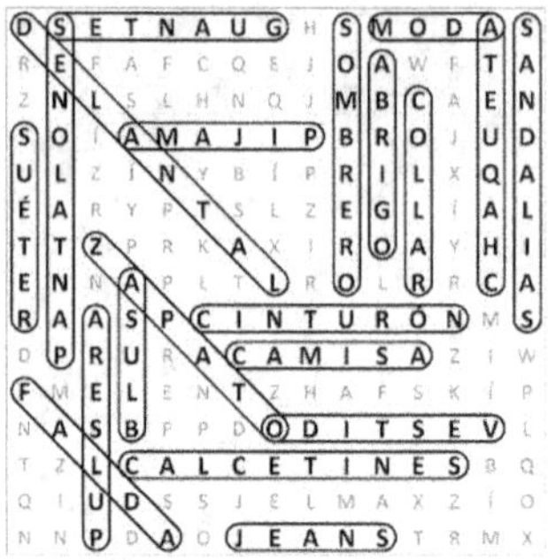

41 - Herbalismo

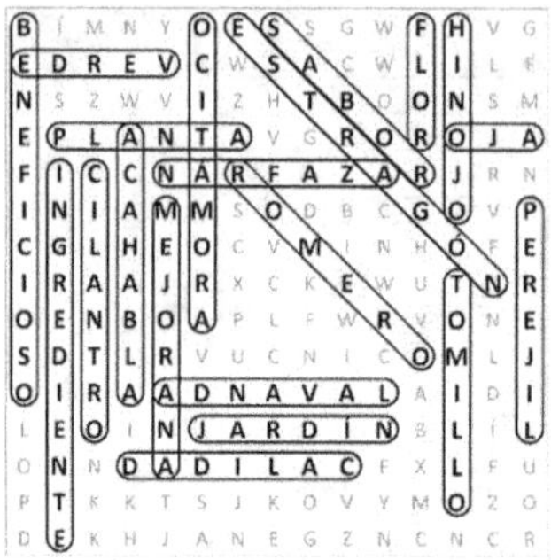

42 - Arqueologia

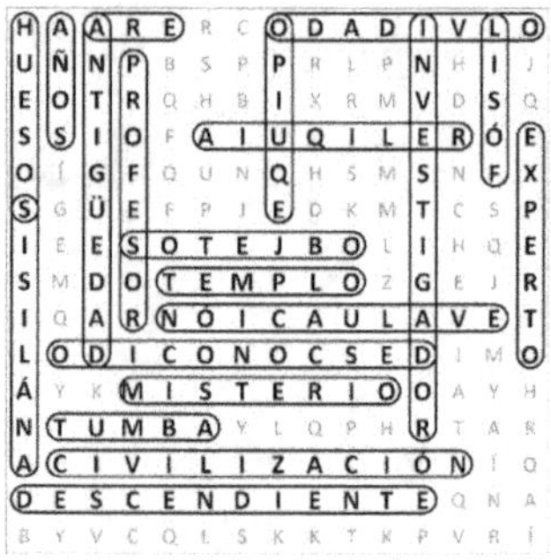

43 - Agronomia

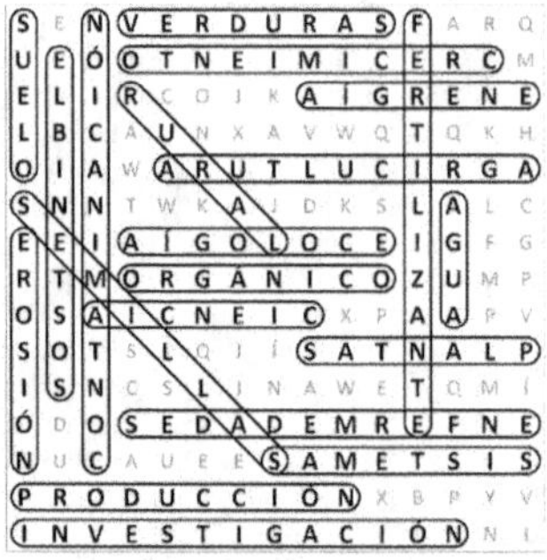

44 - Frutas

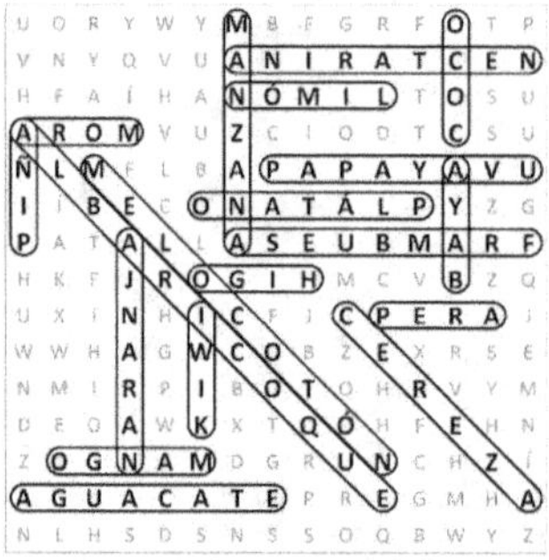

45 - Corpo Humano

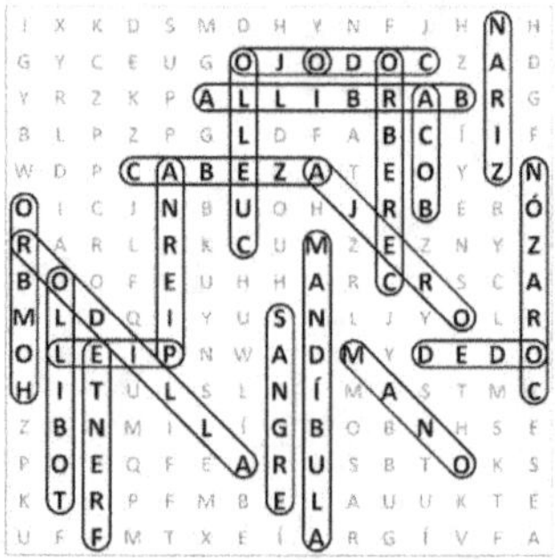

46 - Caminhada

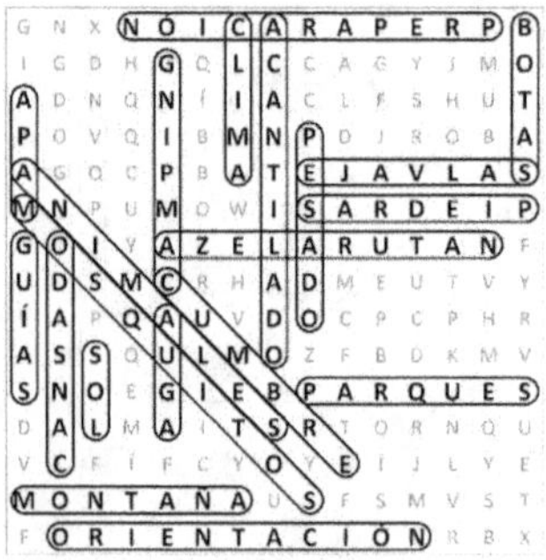

47 - Biologia

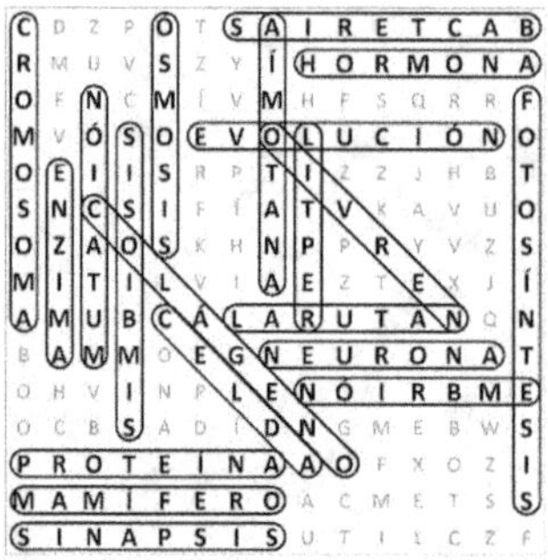

48 - Beleza

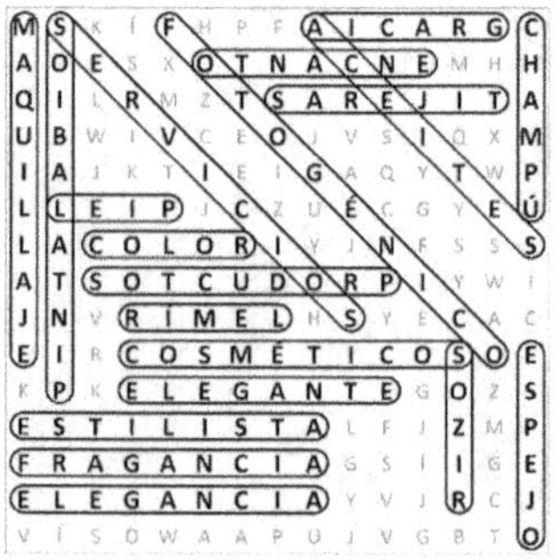

49 - Filantropia

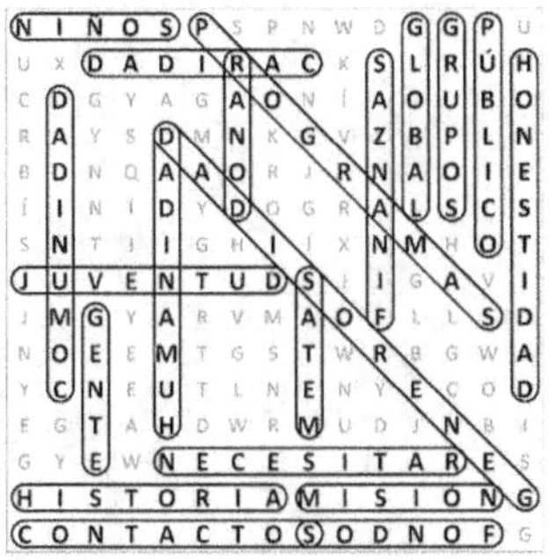

50 - Ecologia

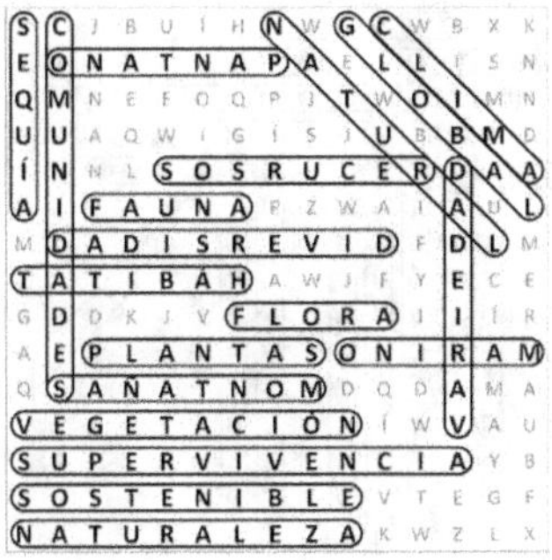

51 - Família

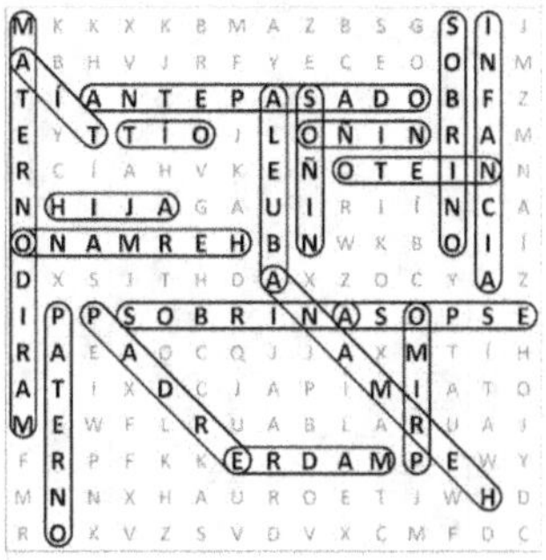

52 - Férias #2

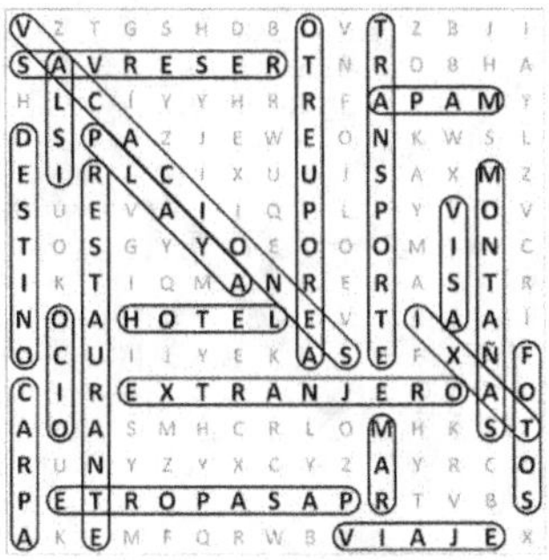

53 - Edifícios

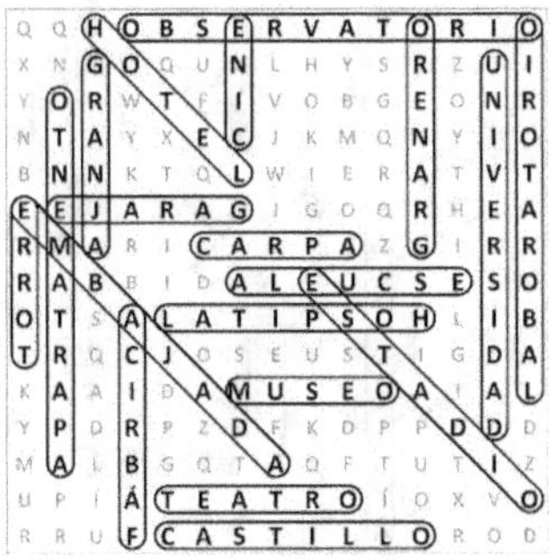

54 - Aventura

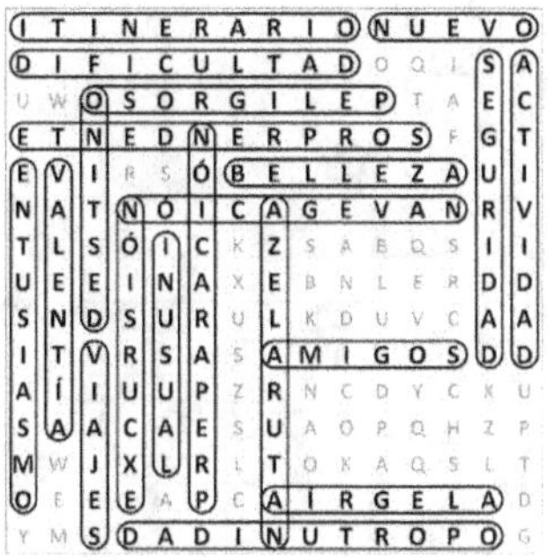

55 - Floresta Tropical

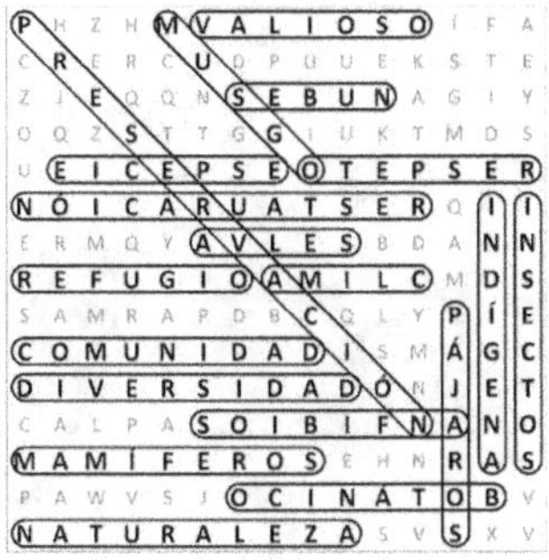

56 - Cidade

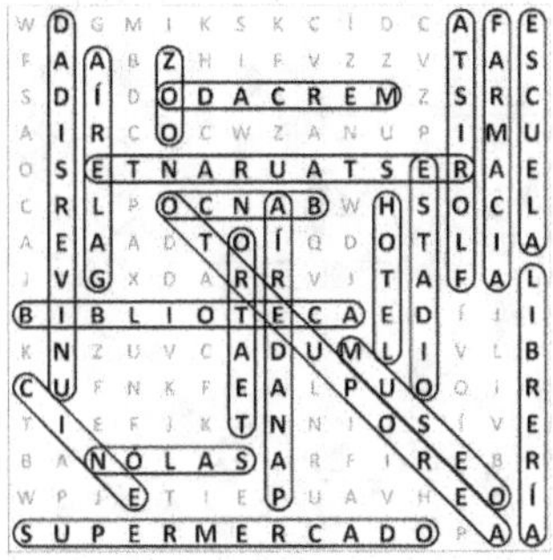

57 - Música

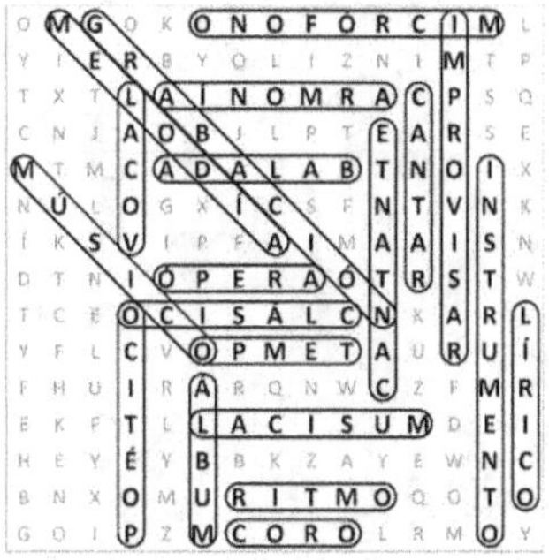

58 - Matemática

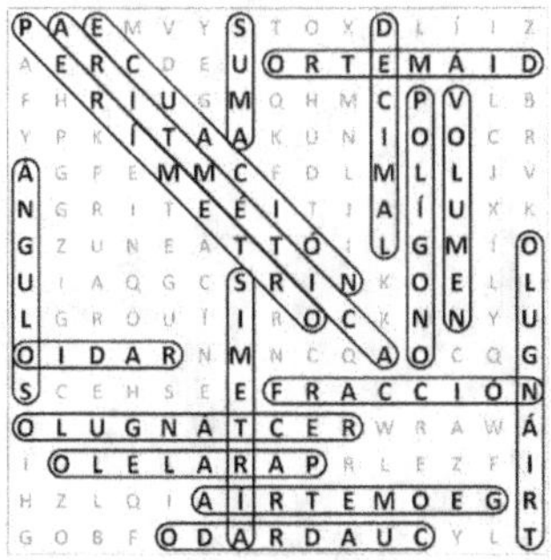

59 - Saúde e Bem Estar #1

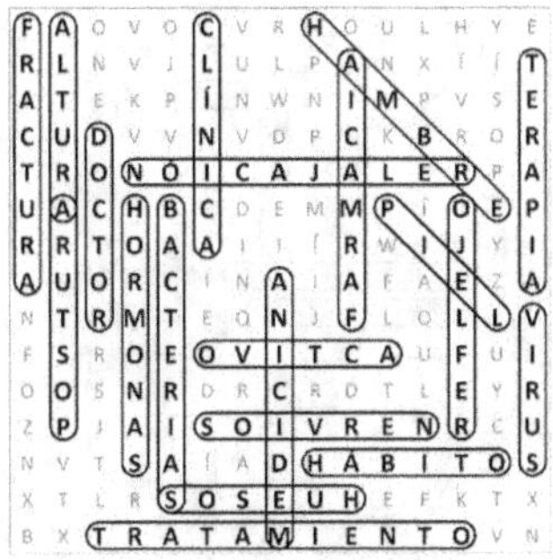

60 - Natureza

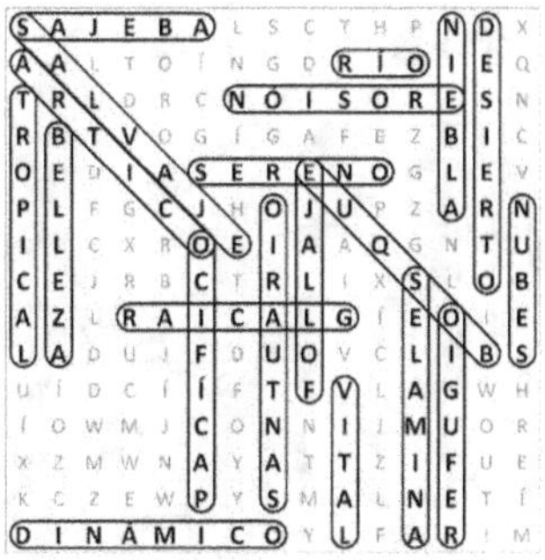

61 - A Empresa

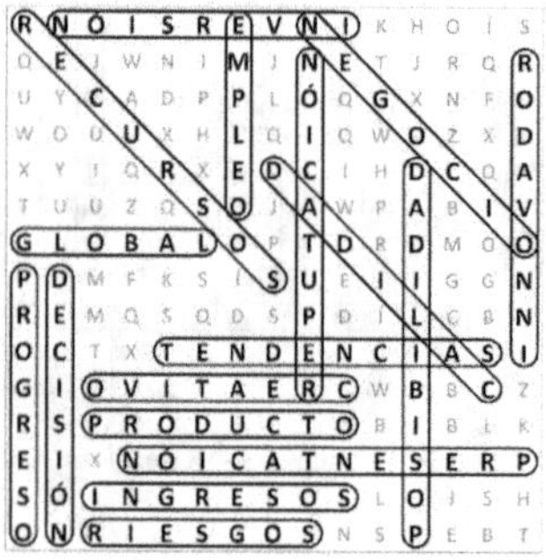

62 - Doença

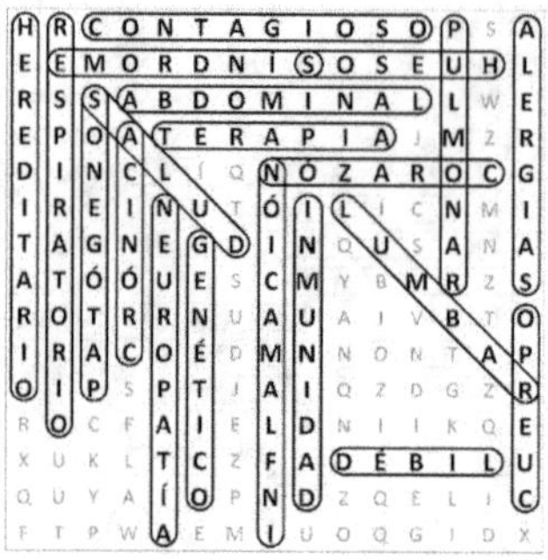

63 - Aquecimento Global

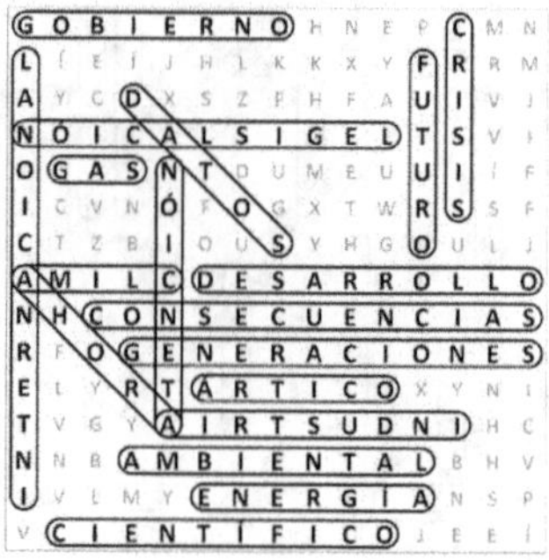

64 - Aviões

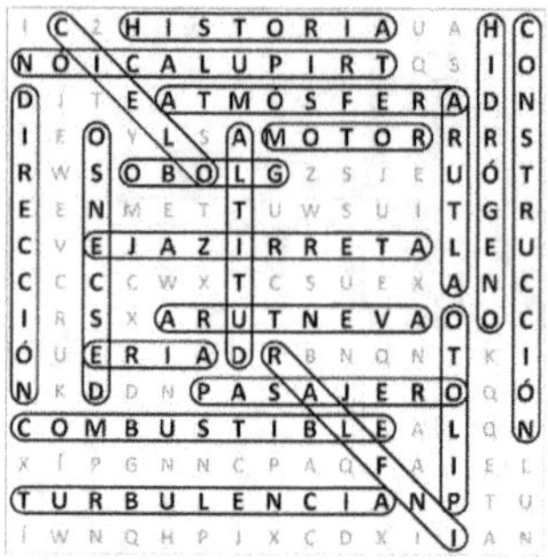

65 - Tipos de Cabelo

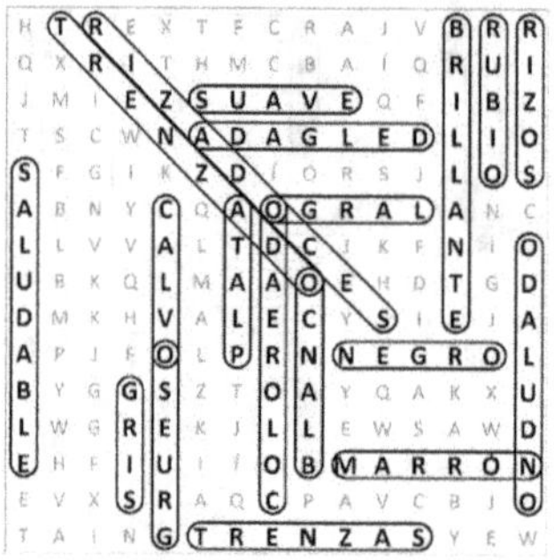

66 - Criatividade

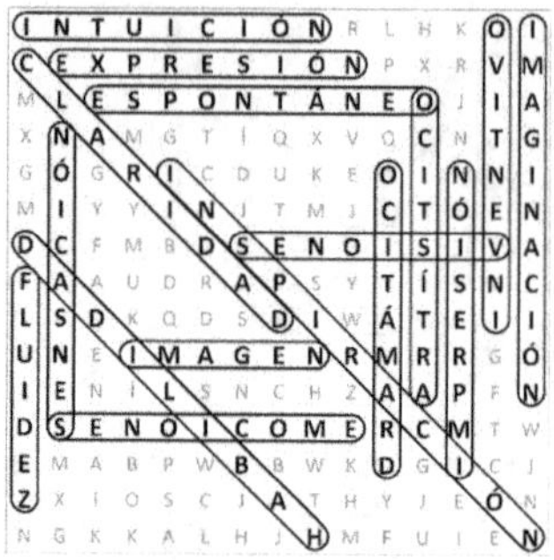

67 - Dias e Meses

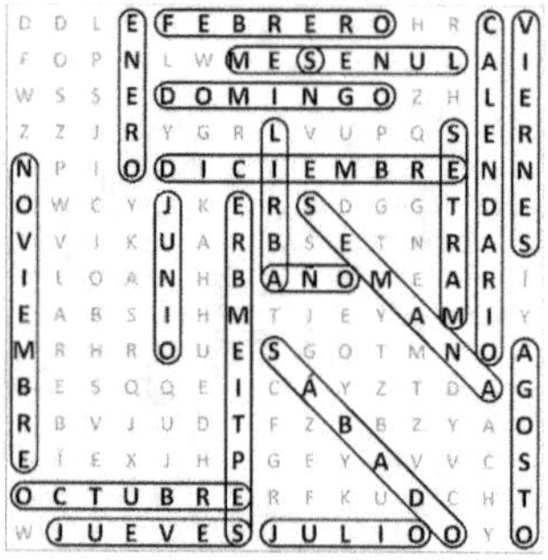

68 - Saúde e Bem Estar #2

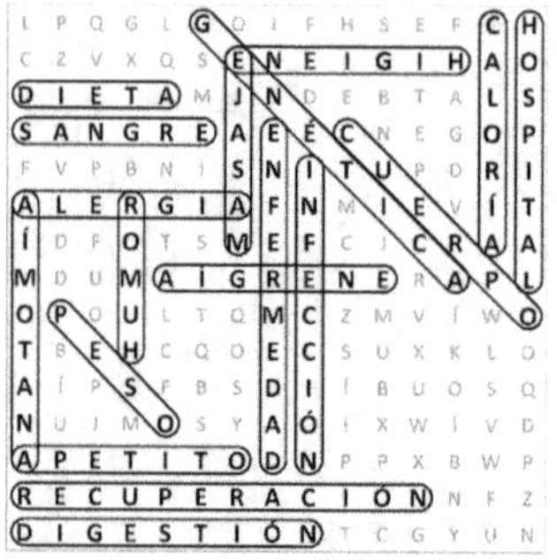

69 - Geografia

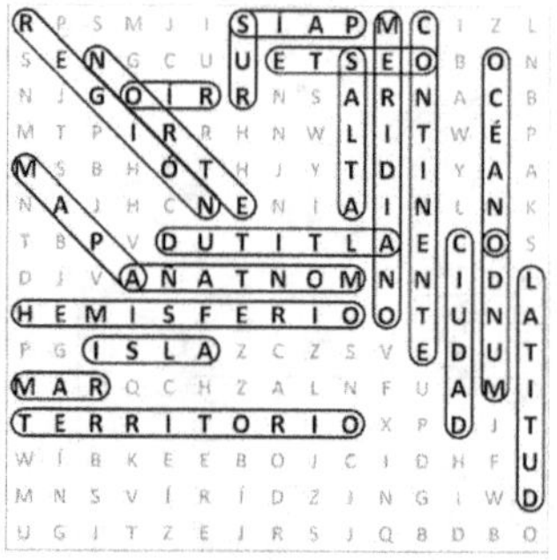

70 - Antártica

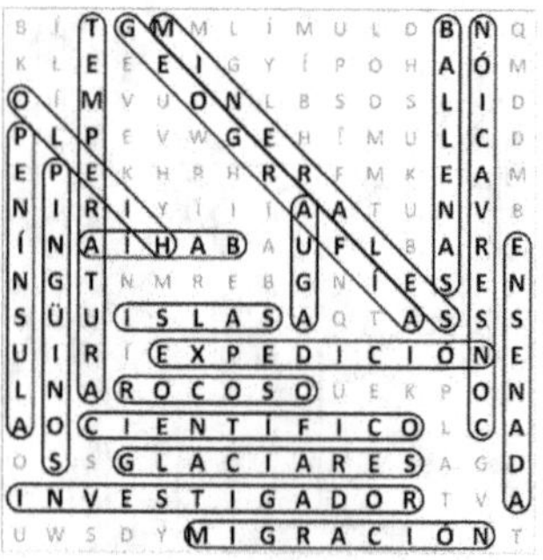

71 - Flores

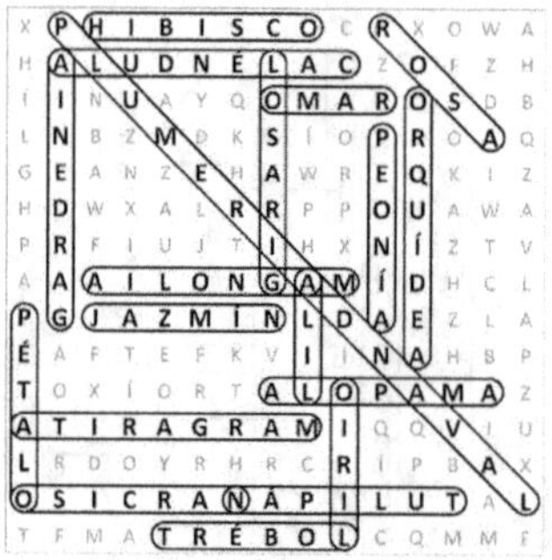

72 - Fazenda #1

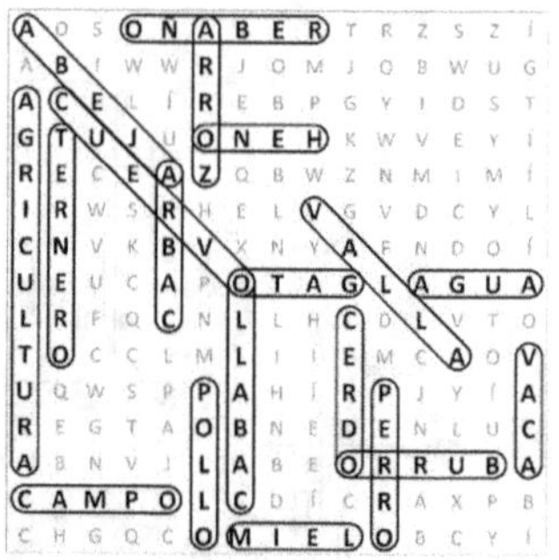

73 - Livros

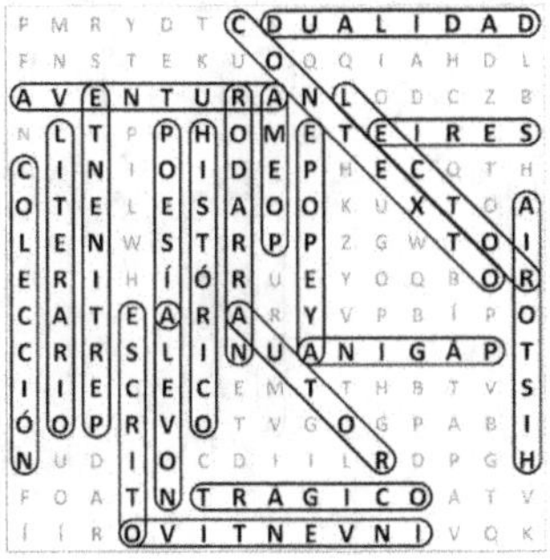

74 - Chocolate

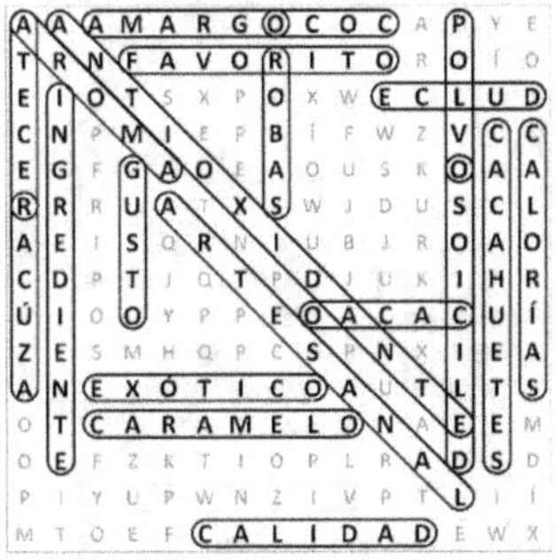

75 - Governo

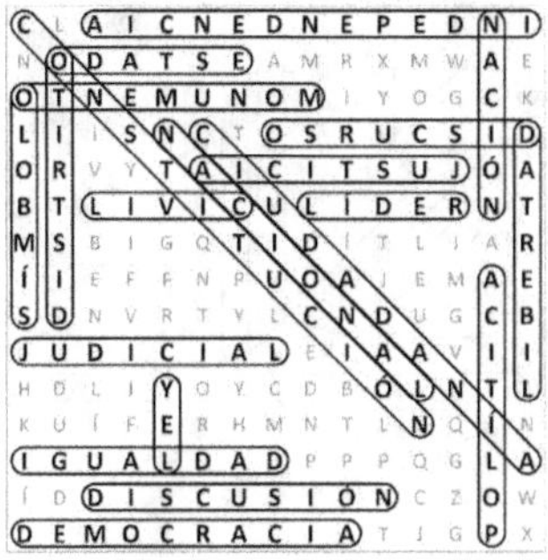

76 - Jardinagem

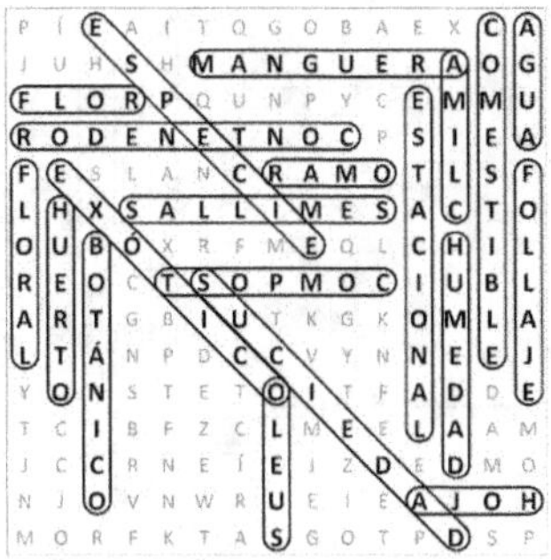

77 - Profissões #2

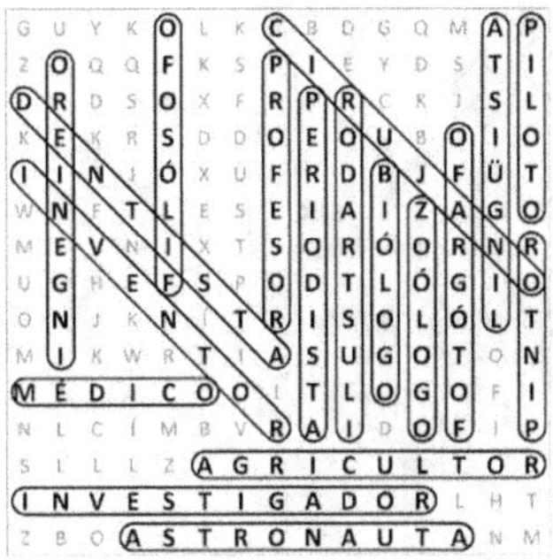

78 - Café

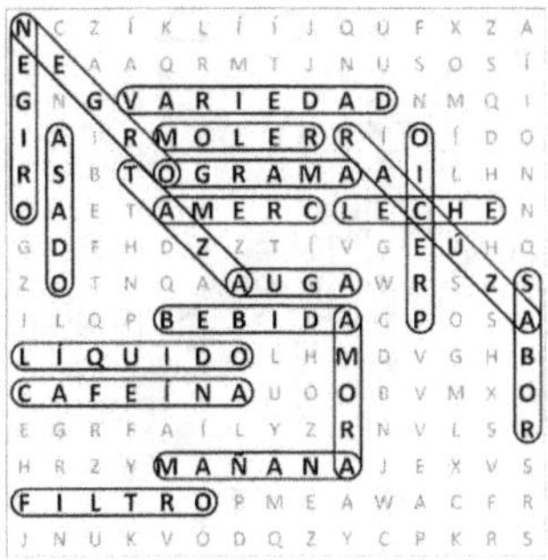

79 - Negócios

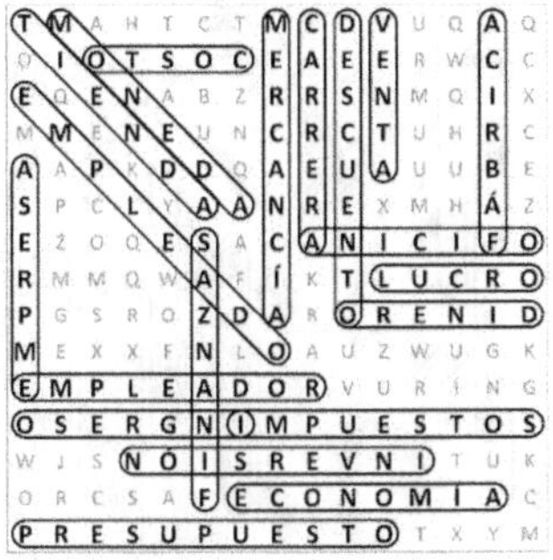

80 - Fazenda #2

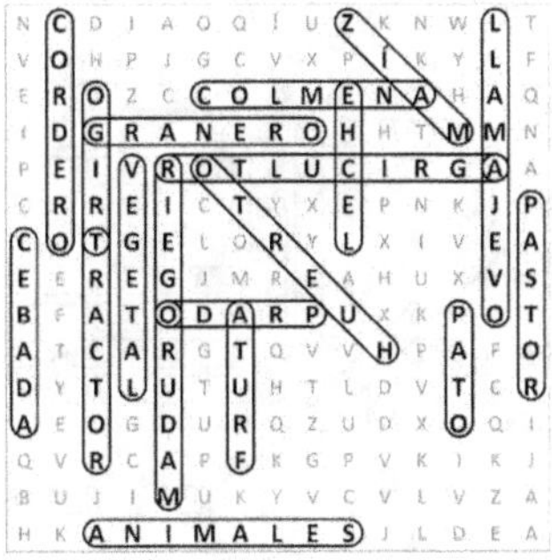

81 - Jardim

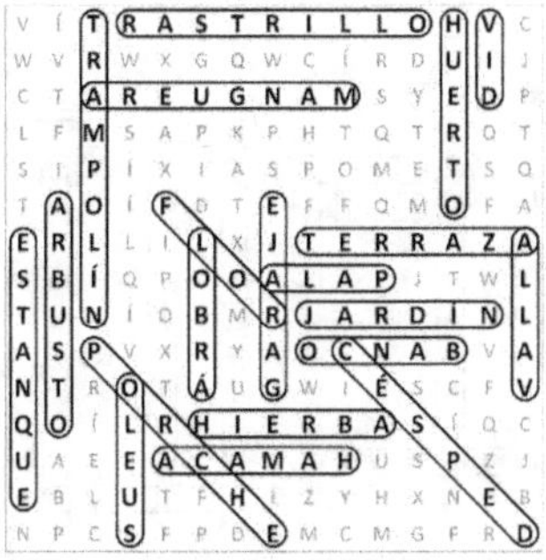

82 - Oceano

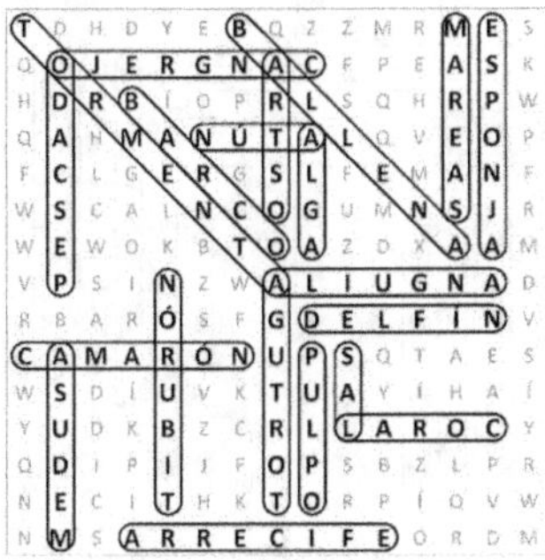

83 - Profissões #1

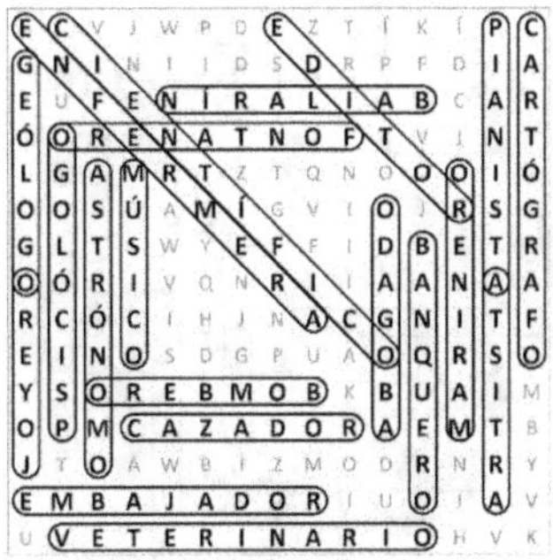

84 - Força e Gravidade

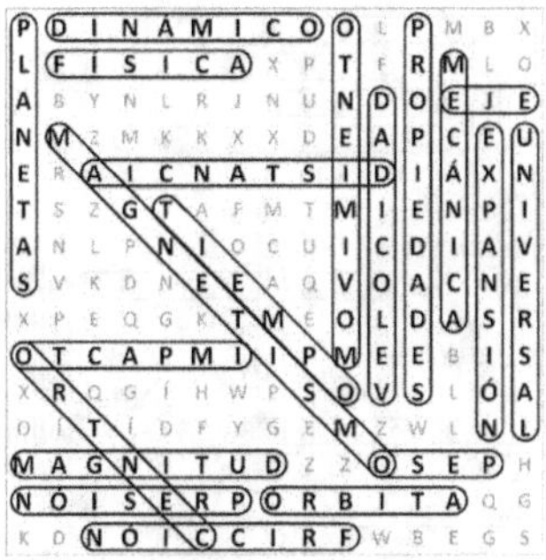

85 - Abelhas

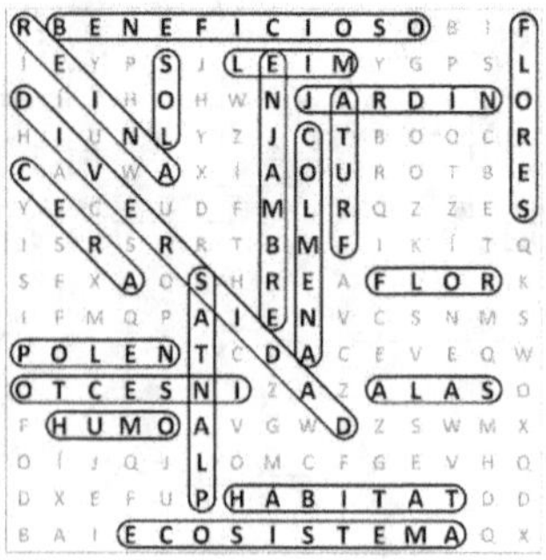

86 - Ciência

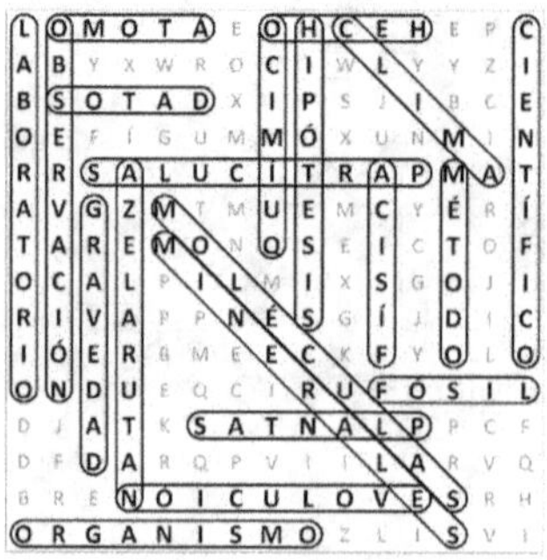

87 - Comida #1

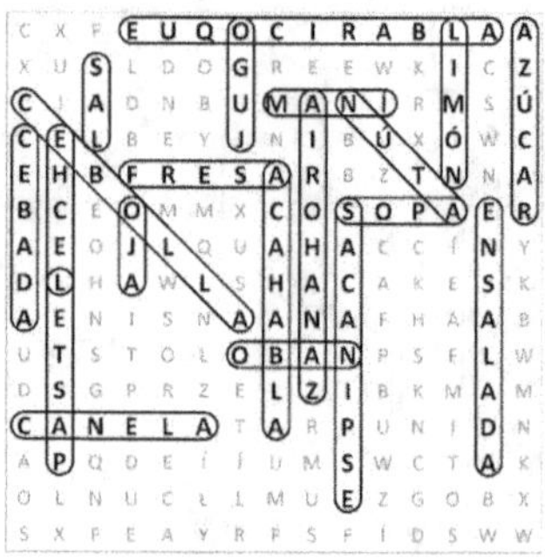

88 - Geometria

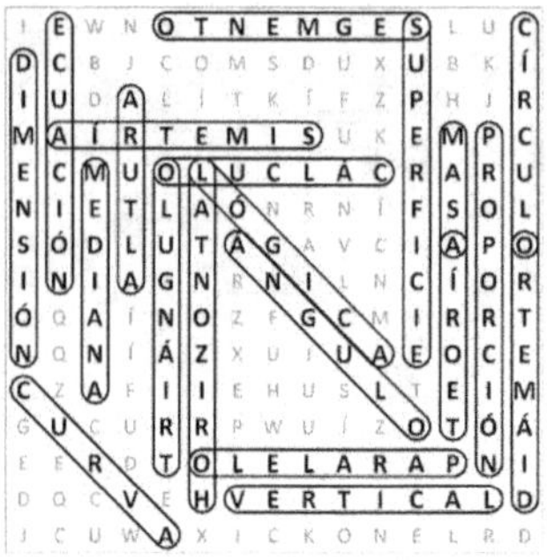

89 - Pássaros

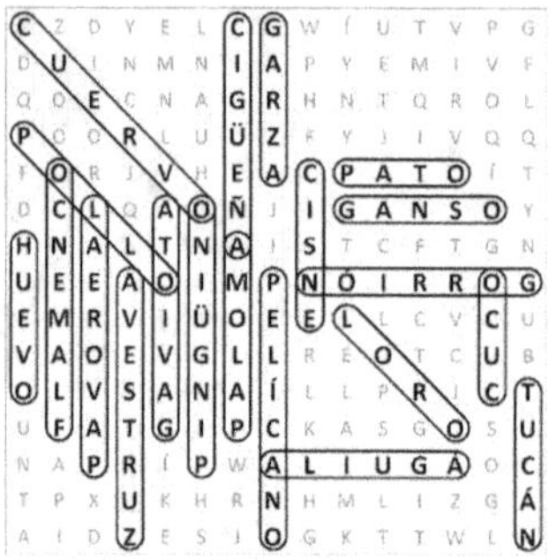

90 - Literatura

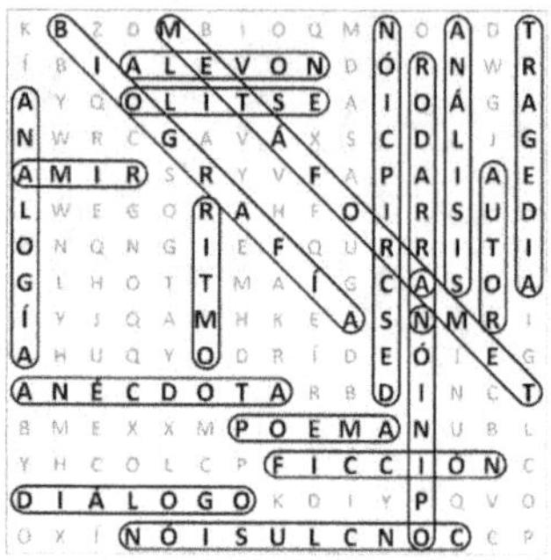

91 - Química

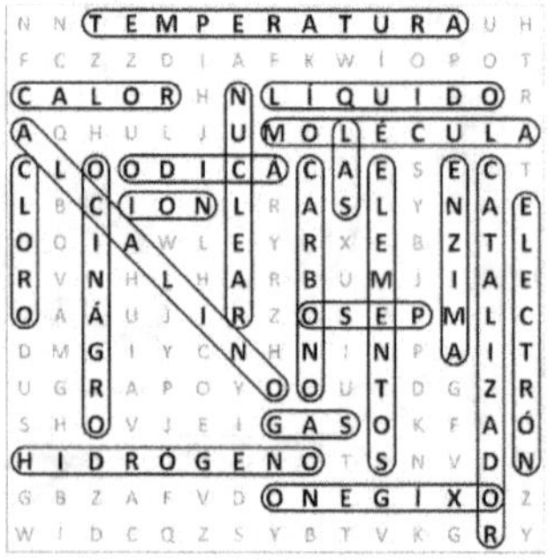

92 - Clima

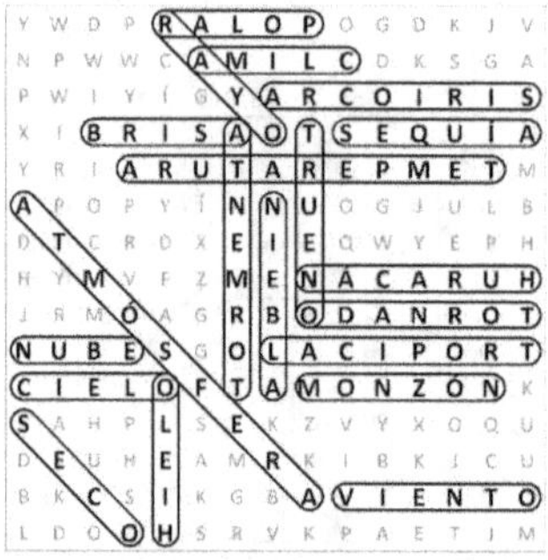

93 - Arte

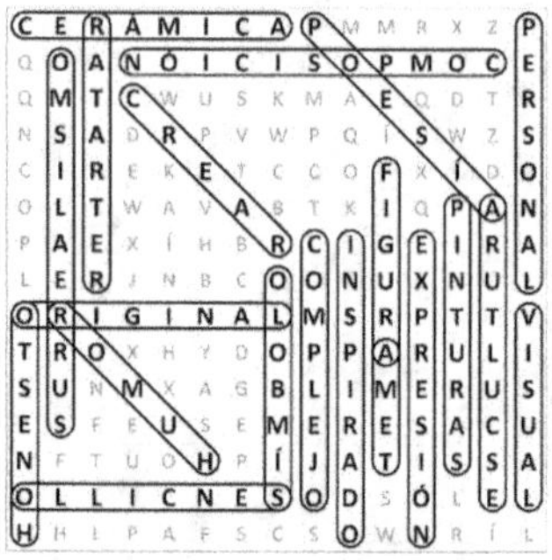

94 - Diplomacia

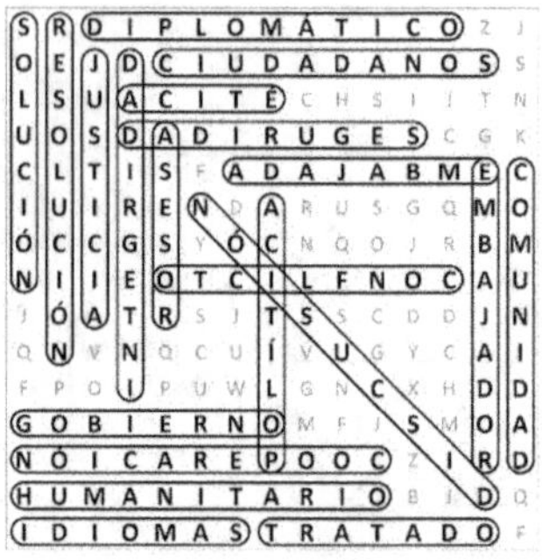

95 - Comida # 2

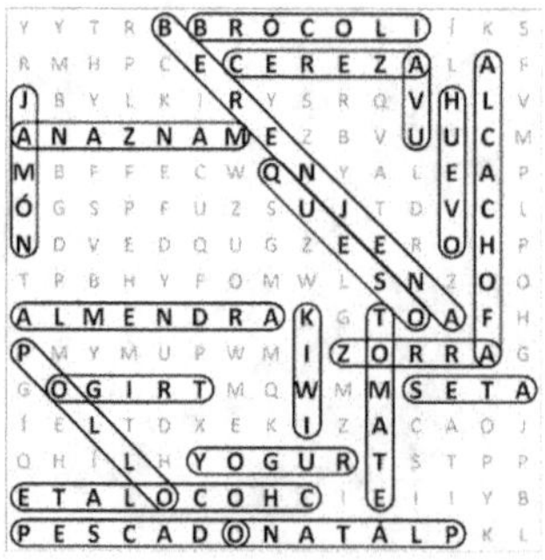

96 - Universo

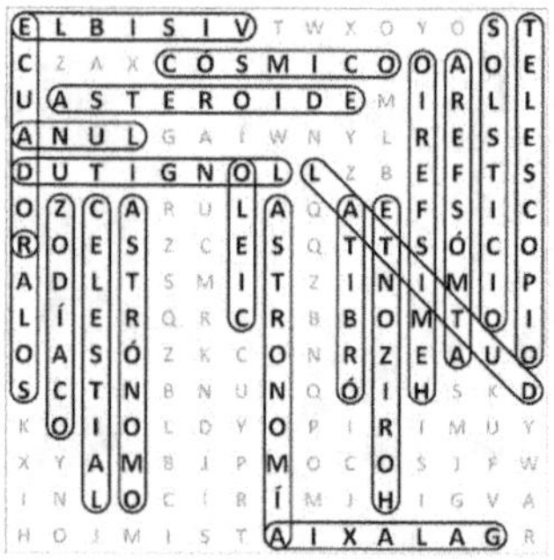

97 - Jazz

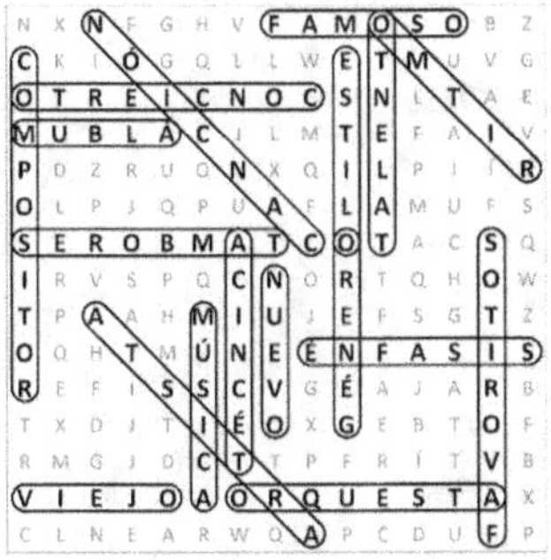

98 - Barcos

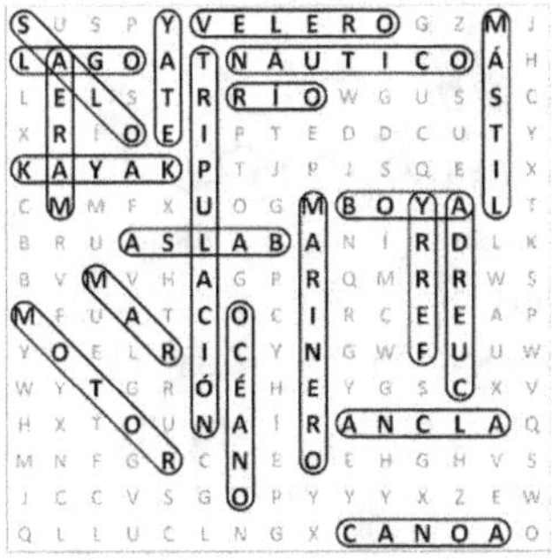

99 - Mamíferos

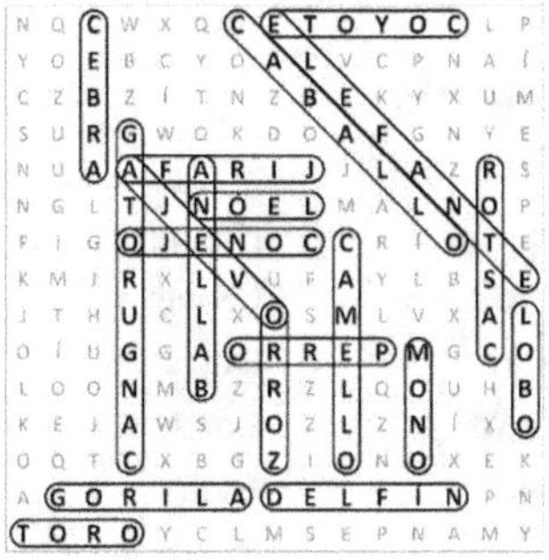

100 - Atividades e Lazer

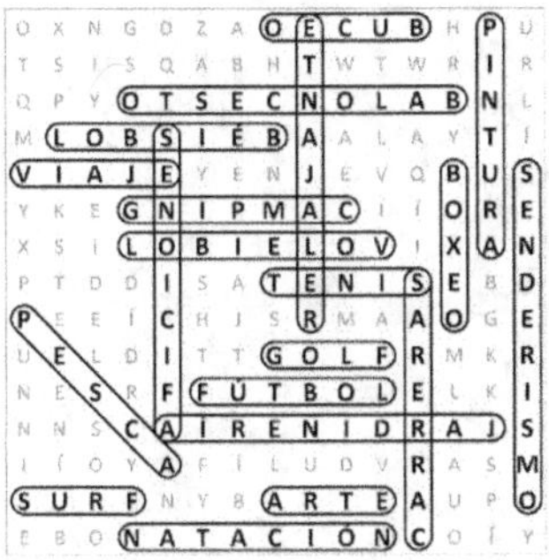

Dicionário

A Empresa
La Empresa

Apresentação	Presentación
Criativo	Creativo
Decisão	Decisión
Emprego	Empleo
Global	Global
Indústria	Industria
Inovador	Innovador
Investimento	Inversión
Negócio	Negocio
Possibilidade	Posibilidad
Produto	Producto
Profissional	Profesional
Progresso	Progreso
Qualidade	Calidad
Receita	Ingresos
Recursos	Recursos
Reputação	Reputación
Riscos	Riesgos
Tendências	Tendencias
Unidades	Unidades

A Mídia
Los Medios de Comunicación

Atitudes	Actitudes
Comercial	Comercial
Comunicação	Comunicación
Digital	Digital
Edição	Edición
Educação	Educación
Fatos	Hechos
Financiamento	Financiación
Fotos	Fotos
Individual	Individual
Indústria	Industria
Intelectual	Intelectual
Jornais	Periódicos
Local	Local
Online	En Línea
Opinião	Opinión
Público	Público
Rádio	Radio
Rede	Red
Televisão	Televisión

Abelhas
Abejas

Asas	Alas
Benéfico	Beneficioso
Cera	Cera
Colmeia	Colmena
Diversidade	Diversidad
Ecossistema	Ecosistema
Enxame	Enjambre
Flor	Flor
Flores	Flores
Fruta	Fruta
Fumaça	Humo
Habitat	Hábitat
Inseto	Insecto
Jardim	Jardín
Mel	Miel
Plantas	Plantas
Pólen	Polen
Rainha	Reina
Sol	Sol

Acampamento
Camping

Animais	Animales
Aventura	Aventura
Árvores	Árboles
Bússola	Brújula
Cabine	Cabina
Caça	Caza
Canoa	Canoa
Chapéu	Sombrero
Corda	Cuerda
Equipamento	Equipo
Floresta	Bosque
Fogo	Fuego
Inseto	Insecto
Lago	Lago
Lua	Luna
Maca	Hamaca
Mapa	Mapa
Montanha	Montaña
Natureza	Naturaleza
Tenda	Carpa

Adjetivos #1
Adjetivos #1

Absoluto	Absoluto
Aromático	Aromático
Artístico	Artístico
Atraente	Atractivo
Enorme	Enorme
Escuro	Oscuro
Exótico	Exótico
Fino	Delgada
Generoso	Generoso
Grande	Grande
Honesto	Honesto
Idêntico	Idéntico
Importante	Importante
Lento	Lento
Misterioso	Misterioso
Moderno	Moderno
Perfeito	Perfecto
Pesado	Pesado
Sério	Serio
Valioso	Valioso

Adjetivos #2
Adjetivos #2

Autêntico	Auténtico
Criativo	Creativo
Descritivo	Descriptivo
Dotado	Dotado
Elegante	Elegante
Famoso	Famoso
Forte	Fuerte
Interessante	Interesante
Natural	Natural
Normal	Normal
Novo	Nuevo
Orgulhoso	Orgulloso
Produtivo	Productivo
Puro	Puro
Quente	Caliente
Responsável	Responsable
Salgado	Salado
Saudável	Saludable
Seco	Seco
Selvagem	Salvaje

Agronomia
Agronomía

Agricultura	Agricultura
Água	Agua
Ciência	Ciencia
Crescimento	Crecimiento
Doenças	Enfermedades
Ecologia	Ecología
Energia	Energía
Erosão	Erosión
Fertilizante	Fertilizante
Legumes	Verduras
Orgânico	Orgánico
Pesquisa	Investigación
Plantas	Plantas
Poluição	Contaminación
Produção	Producción
Rural	Rural
Sementes	Semillas
Sistemas	Sistemas
Solo	Suelo
Sustentável	Sostenible

Antártica
Antártida

Água	Agua
Baía	Bahía
Baleias	Ballenas
Científico	Científico
Conservação	Conservación
Continente	Continente
Enseada	Ensenada
Expedição	Expedición
Geleiras	Glaciares
Gelo	Hielo
Geografia	Geografía
Ilhas	Islas
Investigador	Investigador
Migração	Migración
Minerais	Minerales
Península	Península
Pinguins	Pingüinos
Rochoso	Rocoso
Temperatura	Temperatura
Topografia	Topografía

Antiguidades
Antigüedades

Arte	Arte
Autêntico	Auténtico
Decorativo	Decorativo
Décadas	Décadas
Elegante	Elegante
Entusiasta	Entusiasta
Escultura	Escultura
Estilo	Estilo
Galeria	Galería
Incomum	Inusual
Investimento	Inversión
Leilão	Subasta
Mobiliário	Mueble
Moedas	Monedas
Preço	Precio
Qualidade	Calidad
Restauração	Restauración
Século	Siglo
Valor	Valor
Velho	Viejo

Aquecimento Global
Calentamiento Global

Agora	Ahora
Ambiental	Ambiental
Atenção	Atención
Ártico	Ártico
Cientista	Científico
Clima	Clima
Consequências	Consecuencias
Crise	Crisis
Dados	Datos
Desenvolvimento	Desarrollo
Energia	Energía
Futuro	Futuro
Gás	Gas
Gerações	Generaciones
Governo	Gobierno
Indústria	Industria
Internacional	Internacional
Legislação	Legislación
Populações	Poblaciones
Temperaturas	Temperaturas

Arqueologia
Arqueología

Análise	Análisis
Anos	Años
Antiguidade	Antigüedad
Avaliação	Evaluación
Civilização	Civilización
Descendente	Descendiente
Desconhecido	Desconocido
Equipe	Equipo
Era	Era
Especialista	Experto
Esquecido	Olvidado
Fóssil	Fósil
Investigador	Investigador
Mistério	Misterio
Objetos	Objetos
Ossos	Huesos
Professor	Profesor
Relíquia	Reliquia
Templo	Templo
Túmulo	Tumba

Arte
Arte

Cerâmica	Cerámica
Complexo	Complejo
Composição	Composición
Criar	Crear
Escultura	Escultura
Expressão	Expresión
Figura	Figura
Honesto	Honesto
Humor	Humor
Inspirado	Inspirado
Original	Original
Pessoal	Personal
Pinturas	Pinturas
Poesia	Poesía
Retratar	Retratar
Simples	Sencillo
Símbolo	Símbolo
Sujeito	Tema
Surrealismo	Surrealismo
Visual	Visual

Artes Visuais
Artes Visuales

Argila	Arcilla
Arquitetura	Arquitectura
Artista	Artista
Caneta	Pluma
Cavalete	Caballete
Cera	Cera
Cerâmica	Cerámica
Composição	Composición
Criatividade	Creatividad
Escultura	Escultura
Estêncil	Plantilla
Filme	Película
Fotografia	Fotografía
Giz	Tiza
Lápis	Lápiz
Obra-Prima	Obra Maestra
Perspectiva	Perspectiva
Pintura	Pintura
Retrato	Retrato
Verniz	Barniz

Astronomia
Astronomía

Asteróide	Asteroide
Astronauta	Astronauta
Astrônomo	Astrónomo
Céu	Cielo
Constelação	Constelación
Cosmos	Cosmos
Eclipse	Eclipse
Equinócio	Equinoccio
Foguete	Cohete
Gravidade	Gravedad
Lua	Luna
Meteoro	Meteoro
Nebulosa	Nebulosa
Observatório	Observatorio
Planeta	Planeta
Radiação	Radiación
Solar	Solar
Supernova	Supernova
Terra	Tierra
Universo	Universo

Atividades e Lazer
Actividades y Ocio

Acampamento	Camping
Arte	Arte
Basquete	Baloncesto
Beisebol	Béisbol
Boxe	Boxeo
Caminhada	Senderismo
Corrida	Carreras
Futebol	Fútbol
Golfe	Golf
Hobbies	Aficiones
Jardinagem	Jardinería
Mergulho	Buceo
Natação	Natación
Pesca	Pesca
Pintura	Pintura
Relaxante	Relajante
Surfe	Surf
Tênis	Tenis
Viagem	Viaje
Voleibol	Voleibol

Aventura
Aventura

Alegria	Alegría
Amigos	Amigos
Atividade	Actividad
Beleza	Belleza
Bravura	Valentía
Chance	Oportunidad
Destino	Destino
Dificuldade	Dificultad
Entusiasmo	Entusiasmo
Excursão	Excursión
Incomum	Inusual
Itinerário	Itinerario
Natureza	Naturaleza
Navegação	Navegación
Novo	Nuevo
Perigoso	Peligroso
Preparação	Preparación
Segurança	Seguridad
Surpreendente	Sorprendente
Viagens	Viajes

Aviões
Aviones

Altitude	Altitud
Altura	Altura
Ar	Aire
Aterrissagem	Aterrizaje
Atmosfera	Atmósfera
Aventura	Aventura
Balão	Globo
Céu	Cielo
Combustível	Combustible
Construção	Construcción
Descida	Descenso
Direção	Dirección
Hidrogênio	Hidrógeno
História	Historia
Inflar	Inflar
Motor	Motor
Passageiro	Pasajero
Piloto	Piloto
Tripulação	Tripulación
Turbulência	Turbulencia

Álgebra
Álgebra

Diagrama	Diagrama
Equação	Ecuación
Expoente	Exponente
Falso	Falso
Fator	Factor
Fórmula	Fórmula
Fração	Fracción
Infinito	Infinito
Linear	Lineal
Matriz	Matriz
Número	Número
Parêntese	Paréntesis
Problema	Problema
Quantidade	Cantidad
Simplificar	Simplificar
Solução	Solución
Soma	Suma
Subtração	Resta
Variável	Variable
Zero	Cero

Balé
Ballet

Aplauso	Aplauso
Artístico	Artístico
Bailarina	Bailarina
Compositor	Compositor
Coreografia	Coreografía
Dançarinos	Bailarines
Ensaio	Ensayo
Estilo	Estilo
Expressivo	Expresivo
Gesto	Gesto
Gracioso	Agraciado
Habilidade	Habilidad
Intensidade	Intensidad
Música	Música
Orquestra	Orquesta
Prática	Práctica
Público	Audiencia
Ritmo	Ritmo
Solo	Solo
Técnica	Técnica

Barcos
Barcos

Âncora	Ancla
Balsa	Ferry
Bóia	Boya
Caiaque	Kayak
Canoa	Canoa
Corda	Cuerda
Iate	Yate
Jangada	Balsa
Lago	Lago
Mar	Mar
Maré	Marea
Marinheiro	Marinero
Mastro	Mástil
Motor	Motor
Náutico	Náutico
Oceano	Océano
Ondas	Olas
Rio	Río
Tripulação	Tripulación
Veleiro	Velero

Beleza
Belleza

Batom	Pintalabios
Cachos	Rizos
Charme	Encanto
Cor	Color
Cosméticos	Cosméticos
Elegante	Elegante
Elegância	Elegancia
Espelho	Espejo
Estilista	Estilista
Fotogênico	Fotogénico
Fragrância	Fragancia
Graça	Gracia
Maquiagem	Maquillaje
Óleos	Aceites
Pele	Piel
Produtos	Productos
Rímel	Rímel
Serviços	Servicios
Tesoura	Tijeras
Xampu	Champú

Biologia
Biología

Anatomia	Anatomía
Bactérias	Bacterias
Célula	Celda
Colagénio	Colágeno
Cromossoma	Cromosoma
Embrião	Embrión
Enzima	Enzima
Evolução	Evolución
Fotossíntese	Fotosíntesis
Hormona	Hormona
Mamífero	Mamífero
Mutação	Mutación
Natural	Natural
Nervo	Nervio
Neurônio	Neurona
Osmose	Ósmosis
Proteína	Proteína
Réptil	Reptil
Simbiose	Simbiosis
Sinapse	Sinapsis

Café
Café

Açúcar	Azúcar
Amargo	Amargo
Aroma	Aroma
Assado	Asado
Água	Agua
Bebida	Bebida
Cafeína	Cafeína
Copa	Taza
Creme	Crema
Filtro	Filtro
Leite	Leche
Líquido	Líquido
Manhã	Mañana
Moer	Moler
Origem	Origen
Preço	Precio
Preto	Negro
Sabor	Sabor
Variedade	Variedad

Caminhada
Senderismo

Acampamento	Camping
Animais	Animales
Água	Agua
Botas	Botas
Cansado	Cansado
Clima	Clima
Cume	Cumbre
Guias	Guías
Mapa	Mapa
Montanha	Montaña
Mosquitos	Mosquitos
Natureza	Naturaleza
Orientação	Orientación
Parques	Parques
Pedras	Piedras
Penhasco	Acantilado
Pesado	Pesado
Preparação	Preparación
Selvagem	Salvaje
Sol	Sol

Casa
Casa

Banheiro	Baño
Biblioteca	Biblioteca
Cerca	Valla
Chaves	Llaves
Chuveiro	Ducha
Cortinas	Cortinas
Cozinha	Cocina
Espelho	Espejo
Garagem	Garaje
Janela	Ventana
Jardim	Jardín
Lareira	Chimenea
Mobiliário	Mueble
Parede	Pared
Porta	Puerta
Quarto	Habitación
Sótão	Ático
Tapete	Alfombra
Torneira	Grifo
Vassoura	Escoba

Chocolate
Chocolate

Açúcar	Azúcar
Amargo	Amargo
Amendoins	Cacahuetes
Antioxidante	Antioxidante
Aroma	Aroma
Artesanal	Artesanal
Cacau	Cacao
Calorias	Calorías
Caramelo	Caramelo
Coco	Coco
Delicioso	Delicioso
Doce	Dulce
Exótico	Exótico
Favorito	Favorito
Gosto	Gusto
Ingrediente	Ingrediente
Pó	Polvo
Qualidade	Calidad
Receita	Receta
Sabor	Sabor

Churrascos
Barbacoas

Almoço	Almuerzo
Convite	Invitación
Crianças	Niños
Facas	Cuchillos
Família	Familia
Fome	Hambre
Frango	Pollo
Fruta	Fruta
Grelha	Parrilla
Jantar	Cena
Jogos	Juegos
Legumes	Verduras
Molho	Salsa
Música	Música
Pimenta	Pimienta
Quente	Caliente
Sal	Sal
Saladas	Ensaladas
Tomates	Tomates
Verão	Verano

Cidade
Ciudad

Aeroporto	Aeropuerto
Banco	Banco
Biblioteca	Biblioteca
Cinema	Cine
Escola	Escuela
Estádio	Estadio
Farmácia	Farmacia
Florista	Florista
Galeria	Galería
Hotel	Hotel
Jardim Zoológico	Zoo
Livraria	Librería
Mercado	Mercado
Museu	Museo
Padaria	Panadería
Restaurante	Restaurante
Salão	Salón
Supermercado	Supermercado
Teatro	Teatro
Universidade	Universidad

Ciência
Ciencia

Átomo	Átomo
Cientista	Científico
Clima	Clima
Dados	Datos
Evolução	Evolución
Fato	Hecho
Física	Física
Fóssil	Fósil
Gravidade	Gravedad
Hipótese	Hipótesis
Laboratório	Laboratorio
Método	Método
Minerais	Minerales
Moléculas	Moléculas
Natureza	Naturaleza
Observação	Observación
Organismo	Organismo
Partículas	Partículas
Plantas	Plantas
Químico	Químico

Clima
Clima

Arco-Íris	Arco Iris
Atmosfera	Atmósfera
Brisa	Brisa
Céu	Cielo
Clima	Clima
Furacão	Huracán
Gelo	Hielo
Monção	Monzón
Nevoeiro	Niebla
Nuvem	Nube
Polar	Polar
Relâmpago	Rayo
Seca	Sequía
Seco	Seco
Temperatura	Temperatura
Tempestade	Tormenta
Tornado	Tornado
Tropical	Tropical
Trovão	Trueno
Vento	Viento

Comida # 2
Comida #2

Alcachofra	Alcachofa
Amêndoa	Almendra
Arroz	Arroz
Banana	Plátano
Beringela	Berenjena
Brócolis	Brócoli
Cereja	Cereza
Chocolate	Chocolate
Cogumelo	Seta
Frango	Pollo
Iogurte	Yogur
Kiwi	Kiwi
Maçã	Manzana
Ovo	Huevo
Peixe	Pescado
Presunto	Jamón
Queijo	Queso
Tomate	Tomate
Trigo	Trigo
Uva	Uva

Comida #1
Comida #1

Açúcar	Azúcar
Alho	Ajo
Amendoim	Maní
Atum	Atún
Bolo	Pastel
Canela	Canela
Cebola	Cebolla
Cenoura	Zanahoria
Cevada	Cebada
Damasco	Albaricoque
Espinafre	Espinacas
Leite	Leche
Limão	Limón
Manjericão	Albahaca
Morango	Fresa
Nabo	Nabo
Sal	Sal
Salada	Ensalada
Sopa	Sopa
Suco	Jugo

Corpo Humano
Cuerpo Humano

Boca	Boca
Cabeça	Cabeza
Cérebro	Cerebro
Coração	Corazón
Cotovelo	Codo
Dedo	Dedo
Joelho	Rodilla
Mandíbula	Mandíbula
Mão	Mano
Nariz	Nariz
Olho	Ojo
Ombro	Hombro
Orelha	Oreja
Pele	Piel
Perna	Pierna
Pescoço	Cuello
Queixo	Barbilla
Sangue	Sangre
Testa	Frente
Tornozelo	Tobillo

Cozinha
Cocina

Avental	Delantal
Chaleira	Caldera
Colheres	Cucharas
Comer	Comer
Concha	Cucharón
Cups	Tazas
Especiarias	Especias
Esponja	Esponja
Facas	Cuchillos
Forno	Horno
Freezer	Congelador
Garfos	Tenedores
Geladeira	Refrigerador
Grelha	Parrilla
Guardanapo	Servilleta
Jar	Tarro
Jarro	Jarra
Pauzinhos	Palillos
Receita	Receta
Tigela	Tazón

Criatividade
Creatividad

Artístico	Artístico
Autenticidade	Autenticidad
Clareza	Claridad
Dramático	Dramático
Emoções	Emociones
Espontânea	Espontáneo
Expressão	Expresión
Fluidez	Fluidez
Habilidade	Habilidad
Imagem	Imagen
Imaginação	Imaginación
Impressão	Impresión
Inspiração	Inspiración
Intensidade	Intensidad
Intuição	Intuición
Inventivo	Inventivo
Sensação	Sensación
Sentimentos	Sentimientos
Visões	Visiones
Vitalidade	Vitalidad

Dança
Baile

Academia	Academia
Alegre	Alegre
Arte	Arte
Clássico	Clásico
Coreografia	Coreografía
Corpo	Cuerpo
Cultura	Cultura
Cultural	Cultural
Emoção	Emoción
Ensaio	Ensayo
Expressivo	Expresivo
Graça	Gracia
Movimento	Movimiento
Música	Música
Parceiro	Socio
Postura	Postura
Ritmo	Ritmo
Saltar	Saltar
Tradicional	Tradicional
Visual	Visual

Dias e Meses
Días y Meses

Abril	Abril
Agosto	Agosto
Ano	Año
Calendário	Calendario
Dezembro	Diciembre
Domingo	Domingo
Fevereiro	Febrero
Janeiro	Enero
Julho	Julio
Junho	Junio
Mês	Mes
Novembro	Noviembre
Outubro	Octubre
Quinta-Feira	Jueves
Sábado	Sábado
Segunda-Feira	Lunes
Semana	Semana
Setembro	Septiembre
Sexta-Feira	Viernes
Terça	Martes

Diplomacia
Diplomacia

Cidadãos	Ciudadanos
Comunidade	Comunidad
Conflito	Conflicto
Consultor	Asesor
Cooperação	Cooperación
Diplomático	Diplomático
Discussão	Discusión
Embaixada	Embajada
Embaixador	Embajador
Ética	Ética
Governo	Gobierno
Humanitário	Humanitario
Integridade	Integridad
Justiça	Justicia
Línguas	Idiomas
Política	Política
Resolução	Resolución
Segurança	Seguridad
Solução	Solución
Tratado	Tratado

Dirigindo
Conduciendo

Acidente	Accidente
Carro	Coche
Combustível	Combustible
Cuidado	Precaución
Estrada	Carretera
Freios	Frenos
Garagem	Garaje
Gás	Gas
Licença	Licencia
Mapa	Mapa
Motocicleta	Motocicleta
Motor	Motor
Pedestre	Peatonal
Perigo	Peligro
Polícia	Policía
Rua	Calle
Segurança	Seguridad
Transporte	Transporte
Tráfego	Tráfico
Túnel	Túnel

Disciplinas Científicas
Disciplinas Científicas

Anatomia	Anatomía
Arqueologia	Arqueología
Astronomia	Astronomía
Biologia	Biología
Bioquímica	Bioquímica
Botânica	Botánica
Cinesiologia	Kinesiología
Ecologia	Ecología
Fisiologia	Fisiología
Geologia	Geología
Imunologia	Inmunología
Linguística	Lingüística
Meteorologia	Meteorología
Mineralogia	Mineralogía
Neurologia	Neurología
Psicologia	Psicología
Química	Química
Sociologia	Sociología
Termodinâmica	Termodinámica
Zoologia	Zoología

Doença
Enfermedad

Abdominal	Abdominal
Alergias	Alergias
Contagioso	Contagioso
Coração	Corazón
Corpo	Cuerpo
Crônica	Crónica
Fraco	Débil
Genético	Genético
Hereditário	Hereditario
Imunidade	Inmunidad
Inflamação	Inflamación
Lombar	Lumbar
Neuropatia	Neuropatía
Ossos	Huesos
Patógenos	Patógenos
Pulmonar	Pulmonar
Respiratório	Respiratorio
Saúde	Salud
Síndrome	Síndrome
Terapia	Terapia

Ecologia
Ecología

Clima	Clima
Comunidades	Comunidades
Diversidade	Diversidad
Fauna	Fauna
Flora	Flora
Global	Global
Habitat	Hábitat
Marinho	Marino
Montanhas	Montañas
Natural	Natural
Natureza	Naturaleza
Pântano	Pantano
Plantas	Plantas
Recursos	Recursos
Seca	Sequía
Sobrevivência	Supervivencia
Sustentável	Sostenible
Variedade	Variedad
Vegetação	Vegetación
Voluntários	Voluntarios

Edifícios
Edificios

Apartamento	Apartamento
Castelo	Castillo
Celeiro	Granero
Cinema	Cine
Embaixada	Embajada
Escola	Escuela
Estádio	Estadio
Fazenda	Granja
Fábrica	Fábrica
Garagem	Garaje
Hospital	Hospital
Hotel	Hotel
Laboratório	Laboratorio
Museu	Museo
Observatório	Observatorio
Supermercado	Supermercado
Teatro	Teatro
Tenda	Carpa
Torre	Torre
Universidade	Universidad

Emoções
Emociones

Alegria	Alegría
Amor	Amor
Animado	Emocionado
Bem-Aventurança	Beatitud
Bondade	Bondad
Calmo	Calma
Conteúdo	Contenido
Envergonhado	Avergonzado
Grato	Agradecido
Medo	Miedo
Paz	Paz
Raiva	Ira
Relaxado	Relajado
Satisfeito	Satisfecho
Simpatia	Simpatía
Ternura	Ternura
Tédio	Aburrimiento
Tranquilidade	Tranquilidad
Tristeza	Tristeza

Energia
Energía

Bateria	Batería
Calor	Calor
Carbono	Carbono
Combustível	Combustible
Diesel	Diesel
Elétrico	Eléctrico
Elétron	Electrón
Entropia	Entropía
Fóton	Fotón
Gasolina	Gasolina
Hidrogênio	Hidrógeno
Indústria	Industria
Motor	Motor
Nuclear	Nuclear
Poluição	Contaminación
Renovável	Renovable
Sol	Sol
Turbina	Turbina
Vapor	Vapor
Vento	Viento

Engenharia
Ingeniería

Atrito	Fricción
Ângulo	Ángulo
Cálculo	Cálculo
Construção	Construcción
Diagrama	Diagrama
Diâmetro	Diámetro
Diesel	Diesel
Dimensões	Dimensiones
Distribuição	Distribución
Eixo	Eje
Energia	Energía
Estabilidade	Estabilidad
Estrutura	Estructura
Força	Fuerza
Líquido	Líquido
Máquina	Máquina
Medição	Medición
Motor	Motor
Profundidade	Profundidad
Propulsão	Propulsión

Especiarias
Especias

Açafrão	Azafrán
Alcaçuz	Regaliz
Alho	Ajo
Amargo	Amargo
Anis	Anís
Azedo	Agrio
Baunilha	Vainilla
Canela	Canela
Cardamomo	Cardamomo
Caril	Curry
Cebola	Cebolla
Coentro	Cilantro
Cominho	Comino
Doce	Dulce
Funcho	Hinojo
Gengibre	Jengibre
Noz-Moscada	Nuez Moscada
Pimenta	Pimienta
Sabor	Sabor
Sal	Sal

Ética
Ética

Altruísmo	Altruismo
Benevolente	Benevolente
Bondade	Bondad
Compaixão	Compasión
Cooperação	Cooperación
Dignidade	Dignidad
Diplomático	Diplomático
Filosofia	Filosofía
Honestidade	Honestidad
Humanidade	Humanidad
Integridade	Integridad
Otimismo	Optimismo
Paciência	Paciencia
Racionalidade	Racionalidad
Razoável	Razonable
Realismo	Realismo
Respeitoso	Respetuoso
Sabedoria	Sabiduría
Tolerância	Tolerancia
Valores	Valores

Família
Familia

Antepassado	Antepasado
Avó	Abuela
Criança	Niño
Crianças	Niños
Esposa	Esposa
Filha	Hija
Infância	Infancia
Irmã	Hermana
Irmão	Hermano
Marido	Marido
Materno	Materno
Mãe	Madre
Neto	Nieto
Pai	Padre
Paterno	Paterno
Primo	Primo
Sobrinha	Sobrina
Sobrinho	Sobrino
Tia	Tía
Tio	Tío

Fazenda #1
Granja #1

Abelha	Abeja
Agricultura	Agricultura
Arroz	Arroz
Água	Agua
Bezerro	Ternero
Burro	Burro
Cabra	Cabra
Campo	Campo
Cavalo	Caballo
Cão	Perro
Cerca	Valla
Corvo	Cuervo
Feno	Heno
Fertilizante	Fertilizante
Frango	Pollo
Gato	Gato
Mel	Miel
Porco	Cerdo
Rebanho	Rebaño
Vaca	Vaca

Fazenda #2
Granja #2

Agricultor	Agricultor
Animais	Animales
Celeiro	Granero
Cevada	Cebada
Colmeia	Colmena
Cordeiro	Cordero
Fruta	Fruta
Irrigação	Riego
Leite	Leche
Lhama	Llama
Maduro	Maduro
Milho	Maíz
Ovelha	Oveja
Pastor	Pastor
Pato	Pato
Pomar	Huerto
Prado	Prado
Trator	Tractor
Trigo	Trigo
Vegetal	Vegetal

Férias #2
Vacaciones #2

Aeroporto	Aeropuerto
Destino	Destino
Estrangeiro	Extranjero
Feriado	Vacaciones
Fotos	Fotos
Hotel	Hotel
Ilha	Isla
Lazer	Ocio
Mapa	Mapa
Mar	Mar
Montanhas	Montañas
Passaporte	Pasaporte
Praia	Playa
Reservas	Reservas
Restaurante	Restaurante
Táxi	Taxi
Tenda	Carpa
Transporte	Transporte
Viagem	Viaje
Visto	Visa

Ficção Científica
Ciencia Ficción

Atómico	Atómico
Cinema	Cine
Distante	Distante
Distopia	Distopía
Explosão	Explosión
Extremo	Extremo
Fantástico	Fantástico
Fogo	Fuego
Futurista	Futurista
Galáxia	Galaxia
Ilusão	Ilusión
Imaginário	Imaginario
Livros	Libros
Misterioso	Misterioso
Mundo	Mundo
Oráculo	Oráculo
Planeta	Planeta
Robôs	Robots
Tecnologia	Tecnología
Utopia	Utopía

Filantropia
Filantropía

Caridade	Caridad
Comunidade	Comunidad
Contatos	Contactos
Crianças	Niños
Doar	Donar
Finança	Finanzas
Fundos	Fondos
Generosidade	Generosidad
Global	Global
Grupos	Grupos
História	Historia
Honestidade	Honestidad
Humanidade	Humanidad
Juventude	Juventud
Missão	Misión
Necessidade	Necesitar
Objetivos	Metas
Pessoas	Gente
Programas	Programas
Público	Público

Física
Física

Aceleração	Aceleración
Átomo	Átomo
Caos	Caos
Densidade	Densidad
Elétron	Electrón
Fórmula	Fórmula
Frequência	Frecuencia
Gás	Gas
Gravidade	Gravedad
Magnetismo	Magnetismo
Massa	Masa
Mecânica	Mecánica
Molécula	Molécula
Motor	Motor
Nuclear	Nuclear
Partícula	Partícula
Químico	Químico
Relatividade	Relatividad
Universal	Universal
Velocidade	Velocidad

Flores
Flores

Buquê	Ramo
Calêndula	Caléndula
Gardênia	Gardenia
Girassol	Girasol
Hibisco	Hibisco
Jasmim	Jazmín
Lavanda	Lavanda
Lilás	Lila
Lírio	Lirio
Magnólia	Magnolia
Margarida	Margarita
Narciso	Narciso
Orquídea	Orquídea
Papoula	Amapola
Peônia	Peonía
Pétala	Pétalo
Plumeria	Plumeria
Rosa	Rosa
Trevo	Trébol
Tulipa	Tulipán

Floresta Tropical
Selva Tropical

Anfíbios	Anfibios
Botânico	Botánico
Clima	Clima
Comunidade	Comunidad
Diversidade	Diversidad
Espécies	Especie
Indígena	Indígena
Insetos	Insectos
Mamíferos	Mamíferos
Musgo	Musgo
Natureza	Naturaleza
Nuvens	Nubes
Pássaros	Pájaros
Preservação	Preservación
Refúgio	Refugio
Respeito	Respeto
Restauração	Restauración
Selva	Selva
Sobrevivência	Supervivencia
Valioso	Valioso

Força e Gravidade
Fuerza y Gravedad

Atrito	Fricción
Centro	Centro
Dinâmico	Dinámico
Distância	Distancia
Eixo	Eje
Expansão	Expansión
Física	Física
Impacto	Impacto
Magnetismo	Magnetismo
Magnitude	Magnitud
Mecânica	Mecánica
Movimento	Movimiento
Órbita	Órbita
Peso	Peso
Planetas	Planetas
Pressão	Presión
Propriedades	Propiedades
Rapidez	Velocidad
Tempo	Tiempo
Universal	Universal

Frutas
Fruta

Abacate	Aguacate
Abacaxi	Piña
Amora	Mora
Baga	Baya
Banana	Plátano
Cereja	Cereza
Coco	Coco
Damasco	Albaricoque
Figo	Higo
Framboesa	Frambuesa
Kiwi	Kiwi
Laranja	Naranja
Limão	Limón
Maçã	Manzana
Mamão	Papaya
Manga	Mango
Nectarina	Nectarina
Pera	Pera
Pêssego	Melocotón
Uva	Uva

Geografia
Geografía

Altitude	Altitud
Atlas	Atlas
Cidade	Ciudad
Continente	Continente
Hemisfério	Hemisferio
Ilha	Isla
Latitude	Latitud
Mapa	Mapa
Mar	Mar
Meridiano	Meridiano
Montanha	Montaña
Mundo	Mundo
Norte	Norte
Oceano	Océano
Oeste	Oeste
País	País
Região	Región
Rio	Río
Sul	Sur
Território	Territorio

Geologia
Geología

Ácido	Ácido
Camada	Capa
Caverna	Caverna
Cálcio	Calcio
Continente	Continente
Coral	Coral
Cristais	Cristales
Erosão	Erosión
Estalactite	Estalactita
Estalagmites	Estalagmitas
Fóssil	Fósil
Lava	Lava
Minerais	Minerales
Pedra	Piedra
Platô	Meseta
Quartzo	Cuarzo
Sal	Sal
Terremoto	Terremoto
Vulcão	Volcán
Zona	Zona

Geometria
Geometría

Altura	Altura
Ângulo	Ángulo
Cálculo	Cálculo
Círculo	Círculo
Curva	Curva
Diâmetro	Diámetro
Dimensão	Dimensión
Equação	Ecuación
Horizontal	Horizontal
Lógica	Lógica
Massa	Masa
Mediana	Mediana
Paralelo	Paralelo
Proporção	Proporción
Segmento	Segmento
Simetria	Simetría
Superfície	Superficie
Teoria	Teoría
Triângulo	Triángulo
Vertical	Vertical

Governo
Gobierno

Cidadania	Ciudadanía
Civil	Civil
Constituição	Constitución
Democracia	Democracia
Discurso	Discurso
Discussão	Discusión
Distrito	Distrito
Estado	Estado
Igualdade	Igualdad
Independência	Independencia
Judicial	Judicial
Justiça	Justicia
Lei	Ley
Liberdade	Libertad
Líder	Líder
Monumento	Monumento
Nacional	Nacional
Nação	Nación
Política	Política
Símbolo	Símbolo

Herbalismo
Herboristería

Açafrão	Azafrán
Alecrim	Romero
Alho	Ajo
Aromático	Aromático
Benéfico	Beneficioso
Coentro	Cilantro
Estragão	Estragón
Flor	Flor
Funcho	Hinojo
Ingrediente	Ingrediente
Jardim	Jardín
Lavanda	Lavanda
Manjericão	Albahaca
Manjerona	Mejorana
Planta	Planta
Qualidade	Calidad
Sabor	Sabor
Salsa	Perejil
Tomilho	Tomillo
Verde	Verde

Instrumentos Musicais
Instrumentos Musicales

Bandolim	Mandolina
Banjo	Banjo
Clarinete	Clarinete
Fagote	Fagot
Flauta	Flauta
Gaita	Armónica
Gongo	Gong
Harpa	Arpa
Marimba	Marimba
Oboé	Oboe
Pandeiro	Pandereta
Percussão	Percusión
Piano	Piano
Saxofone	Saxofón
Tambor	Tambor
Trombone	Trombón
Trompete	Trompeta
Violão	Guitarra
Violino	Violín
Violoncelo	Violonchelo

Jardim
Jardín

Ancinho	Rastrillo
Arbusto	Arbusto
Árvore	Árbol
Banco	Banco
Cerca	Valla
Flor	Flor
Garagem	Garaje
Grama	Hierba
Gramado	Césped
Jardim	Jardín
Lagoa	Estanque
Maca	Hamaca
Mangueira	Manguera
Pá	Pala
Pomar	Huerto
Solo	Suelo
Terraço	Terraza
Trampolim	Trampolín
Varanda	Porche
Videira	Vid

Jardinagem
Jardinería

Água	Agua
Botânico	Botánico
Buquê	Ramo
Clima	Clima
Comestível	Comestible
Composto	Compost
Espécies	Especie
Exótico	Exótico
Flor	Flor
Floral	Floral
Folha	Hoja
Folhagem	Follaje
Mangueira	Manguera
Pomar	Huerto
Recipiente	Contenedor
Sazonal	Estacional
Sementes	Semillas
Solo	Suelo
Sujeira	Suciedad
Umidade	Humedad

Jazz
Jazz

Artista	Artista
Álbum	Álbum
Bateria	Tambores
Canção	Canción
Composição	Composición
Compositor	Compositor
Concerto	Concierto
Estilo	Estilo
Ênfase	Énfasis
Famoso	Famoso
Favoritos	Favoritos
Gênero	Género
Improvisação	Improvisación
Música	Música
Novo	Nuevo
Orquestra	Orquesta
Ritmo	Ritmo
Talento	Talento
Técnica	Técnica
Velho	Viejo

Literatura
Literatura

Analogia	Analogía
Análise	Análisis
Anedota	Anécdota
Autor	Autor
Biografia	Biografía
Comparação	Comparación
Conclusão	Conclusión
Descrição	Descripción
Diálogo	Diálogo
Estilo	Estilo
Ficção	Ficción
Metáfora	Metáfora
Narrador	Narrador
Opinião	Opinión
Poema	Poema
Rima	Rima
Ritmo	Ritmo
Romance	Novela
Tema	Tema
Tragédia	Tragedia

Livros
Libros

Autor	Autor
Aventura	Aventura
Coleção	Colección
Contexto	Contexto
Dualidade	Dualidad
Escrito	Escrito
Épico	Epopeya
História	Historia
Histórico	Histórico
Inventivo	Inventivo
Leitor	Lector
Literário	Literario
Narrador	Narrador
Página	Página
Poema	Poema
Poesia	Poesía
Relevante	Pertinente
Romance	Novela
Série	Serie
Trágico	Trágico

Mamíferos
Mamíferos

Baleia	Ballena
Camelo	Camello
Canguru	Canguro
Castor	Castor
Cavalo	Caballo
Cão	Perro
Coelho	Conejo
Coiote	Coyote
Elefante	Elefante
Gato	Gato
Girafa	Jirafa
Golfinho	Delfín
Gorila	Gorila
Leão	León
Lobo	Lobo
Macaco	Mono
Ovelha	Oveja
Raposa	Zorro
Touro	Toro
Zebra	Cebra

Matemática
Matemáticas

Aritmética	Aritmética
Ângulos	Ángulos
Decimal	Decimal
Diâmetro	Diámetro
Equação	Ecuación
Expoente	Exponente
Fração	Fracción
Geometria	Geometría
Paralelo	Paralelo
Paralelogramo	Paralelogramo
Perímetro	Perímetro
Perpendicular	Perpendicular
Polígono	Polígono
Quadrado	Cuadrado
Raio	Radio
Retângulo	Rectángulo
Simetria	Simetría
Soma	Suma
Triângulo	Triángulo
Volume	Volumen

Material de Arte
Suministros de Arte

Acrílico	Acrílico
Apagador	Borrador
Aquarelas	Acuarelas
Argila	Arcilla
Água	Agua
Cadeira	Silla
Carvão	Carbón
Cavalete	Caballete
Câmera	Cámara
Cola	Pegamento
Cores	Colores
Criatividade	Creatividad
Escovas	Cepillos
Lápis	Lápices
Mesa	Mesa
Óleo	Aceite
Papel	Papel
Pastels	Pasteles
Tinta	Tinta
Tintas	Pinturas

Medições
Mediciones

Altura	Altura
Byte	Byte
Centímetro	Centímetro
Comprimento	Longitud
Decimal	Decimal
Grama	Gramo
Grau	Grado
Largura	Ancho
Litro	Litro
Massa	Masa
Metro	Metro
Minuto	Minuto
Onça	Onza
Peso	Peso
Polegada	Pulgada
Profundidade	Profundidad
Quilograma	Kilogramo
Quilômetro	Kilómetro
Tonelada	Tonelada
Volume	Volumen

Meditação
Meditación

Aceitação	Aceptación
Acordado	Despierto
Atenção	Atención
Bondade	Bondad
Clareza	Claridad
Compaixão	Compasión
Emoções	Emociones
Ensinamentos	Enseñanzas
Gratidão	Gratitud
Mental	Mental
Mente	Mente
Movimento	Movimiento
Música	Música
Natureza	Naturaleza
Observação	Observación
Paz	Paz
Pensamentos	Pensamientos
Perspectiva	Perspectiva
Postura	Postura
Silêncio	Silencio

Mitologia
Mitología

Arquétipo	Arquetipo
Ciúmes	Celos
Criação	Creación
Criatura	Criatura
Cultura	Cultura
Desastre	Desastre
Força	Fuerza
Guerreiro	Guerrero
Heroína	Heroína
Herói	Héroe
Imortalidade	Inmortalidad
Labirinto	Laberinto
Lenda	Leyenda
Mágico	Mágico
Monstro	Monstruo
Mortal	Mortal
Relâmpago	Rayo
Triunfante	Triunfante
Trovão	Trueno
Vingança	Venganza

Música
Música

Álbum	Álbum
Balada	Balada
Cantar	Cantar
Cantor	Cantante
Clássico	Clásico
Coro	Coro
Gravação	Grabación
Harmonia	Armonía
Improvisar	Improvisar
Instrumento	Instrumento
Lírico	Lírico
Melodia	Melodía
Microfone	Micrófono
Musical	Musical
Músico	Músico
Ópera	Ópera
Poético	Poético
Ritmo	Ritmo
Tempo	Tempo
Vocal	Vocal

Natureza
Naturaleza

Abelhas	Abejas
Abrigo	Refugio
Animais	Animales
Ártico	Ártico
Beleza	Belleza
Deserto	Desierto
Dinâmico	Dinámico
Erosão	Erosión
Floresta	Bosque
Folhagem	Follaje
Geleira	Glaciar
Nevoeiro	Niebla
Nuvens	Nubes
Pacífico	Pacífico
Rio	Río
Santuário	Santuario
Selvagem	Salvaje
Sereno	Sereno
Tropical	Tropical
Vital	Vital

Negócios
Negocio

Carreira	Carrera
Custo	Costo
Desconto	Descuento
Dinheiro	Dinero
Economia	Economía
Empregado	Empleado
Empregador	Empleador
Empresa	Empresa
Escritório	Oficina
Fábrica	Fábrica
Finança	Finanzas
Impostos	Impuestos
Investimento	Inversión
Loja	Tienda
Lucro	Lucro
Mercadoria	Mercancía
Moeda	Moneda
Orçamento	Presupuesto
Rendimento	Ingreso
Venda	Venta

Nutrição
Nutrición

Amargo	Amargo
Apetite	Apetito
Calorias	Calorías
Carboidratos	Carbohidratos
Comestível	Comestible
Dieta	Dieta
Digestão	Digestión
Equilibrado	Equilibrado
Fermentação	Fermentación
Líquidos	Líquidos
Molho	Salsa
Nutriente	Nutriente
Peso	Peso
Proteínas	Proteínas
Qualidade	Calidad
Sabor	Sabor
Saudável	Saludable
Saúde	Salud
Toxina	Toxina
Vitamina	Vitamina

Números
Números

Cinco	Cinco
Decimal	Decimal
Dez	Diez
Dezesseis	Dieciséis
Dezessete	Diecisiete
Dezoito	Dieciocho
Dois	Dos
Doze	Doce
Nove	Nueve
Oito	Ocho
Quatorze	Catorce
Quatro	Cuatro
Quinze	Quince
Seis	Seis
Sete	Siete
Treze	Trece
Três	Tres
Um	Uno
Vinte	Veinte
Zero	Cero

Oceano
Océano

Alga	Alga
Atum	Atún
Baleia	Ballena
Barco	Barco
Camarão	Camarón
Caranguejo	Cangrejo
Coral	Coral
Enguia	Anguila
Esponja	Esponja
Golfinho	Delfín
Marés	Mareas
Medusa	Medusa
Ostra	Ostra
Peixe	Pescado
Polvo	Pulpo
Recife	Arrecife
Sal	Sal
Tartaruga	Tortuga
Tempestade	Tormenta
Tubarão	Tiburón

Paisagens
Paisajes

Cascata	Cascada
Caverna	Cueva
Colina	Colina
Deserto	Desierto
Geleira	Glaciar
Golfo	Golfo
Iceberg	Iceberg
Ilha	Isla
Lago	Lago
Mar	Mar
Montanha	Montaña
Oásis	Oasis
Oceano	Océano
Pântano	Pantano
Península	Península
Praia	Playa
Rio	Río
Tundra	Tundra
Vale	Valle
Vulcão	Volcán

Países #1
Países #1

Alemanha	Alemania
Brasil	Brasil
Camboja	Camboya
Canadá	Canadá
Egito	Egipto
Equador	Ecuador
Espanha	España
Finlândia	Finlandia
Iraque	Irak
Israel	Israel
Itália	Italia
Índia	India
Mali	Malí
Marrocos	Marruecos
Nicarágua	Nicaragua
Noruega	Noruega
Panamá	Panamá
Polônia	Polonia
Senegal	Senegal
Venezuela	Venezuela

Países #2

Países #2

Albânia	Albania
Dinamarca	Dinamarca
França	Francia
Grécia	Grecia
Haiti	Haití
Indonésia	Indonesia
Irlanda	Irlanda
Jamaica	Jamaica
Japão	Japón
Laos	Laos
Líbano	Líbano
México	México
Nepal	Nepal
Nigéria	Nigeria
Paquistão	Pakistán
Rússia	Rusia
Síria	Siria
Somália	Somalia
Ucrânia	Ucrania
Uganda	Uganda

Pássaros

Pájaros

Avestruz	Avestruz
Águia	Águila
Cegonha	Cigüeña
Cisne	Cisne
Corvo	Cuervo
Cuco	Cuco
Flamingo	Flamenco
Frango	Pollo
Gaivota	Gaviota
Ganso	Ganso
Garça	Garza
Ovo	Huevo
Papagaio	Loro
Pardal	Gorrión
Pato	Pato
Pavão	Pavo Real
Pelicano	Pelícano
Pinguim	Pingüino
Pombo	Paloma
Tucano	Tucán

Plantas

Plantas

Arbusto	Arbusto
Árvore	Árbol
Baga	Baya
Bambu	Bambú
Botânica	Botánica
Cacto	Cactus
Erva	Hierba
Feijão	Frijol
Fertilizante	Fertilizante
Flor	Flor
Flora	Flora
Floresta	Bosque
Folha	Hoja
Folhagem	Follaje
Hera	Hiedra
Jardim	Jardín
Musgo	Musgo
Pétala	Pétalo
Raiz	Raíz
Vegetação	Vegetación

Profissões #1

Profesiones #1

Advogado	Abogado
Artista	Artista
Astrônomo	Astrónomo
Banqueiro	Banquero
Bombeiro	Bombero
Caçador	Cazador
Cartógrafo	Cartógrafo
Cientista	Científico
Dançarino	Bailarín
Editor	Editor
Embaixador	Embajador
Encanador	Fontanero
Enfermeira	Enfermera
Geólogo	Geólogo
Joalheiro	Joyero
Marinheiro	Marinero
Músico	Músico
Pianista	Pianista
Psicólogo	Psicólogo
Veterinário	Veterinario

Profissões #2

Profesiones #2

Agricultor	Agricultor
Astronauta	Astronauta
Bibliotecário	Bibliotecario
Biólogo	Biólogo
Cirurgião	Cirujano
Dentista	Dentista
Engenheiro	Ingeniero
Filósofo	Filósofo
Fotógrafo	Fotógrafo
Ilustrador	Ilustrador
Inventor	Inventor
Investigador	Investigador
Jardineiro	Jardinero
Jornalista	Periodista
Linguista	Lingüista
Médico	Médico
Piloto	Piloto
Pintor	Pintor
Professor	Profesor
Zoólogo	Zoólogo

Psicologia

Psicología

Avaliação	Evaluación
Clínico	Clínico
Cognição	Cognición
Compromisso	Cita
Conflito	Conflicto
Ego	Ego
Emoções	Emociones
Experiências	Experiencias
Inconsciente	Inconsciente
Infância	Infancia
Influências	Influencias
Pensamentos	Pensamientos
Percepção	Percepción
Personalidade	Personalidad
Problema	Problema
Realidade	Realidad
Sensação	Sensación
Sonhos	Sueños
Subconsciente	Subconsciente
Terapia	Terapia

Química
Química

Alcalino	Alcalino
Ácido	Ácido
Calor	Calor
Carbono	Carbono
Catalisador	Catalizador
Cloro	Cloro
Elementos	Elementos
Elétron	Electrón
Enzima	Enzima
Gás	Gas
Hidrogênio	Hidrógeno
Íon	Ion
Líquido	Líquido
Molécula	Molécula
Nuclear	Nuclear
Orgânico	Orgánico
Oxigénio	Oxígeno
Peso	Peso
Sal	Sal
Temperatura	Temperatura

Restaurante # 2
Restaurante #2

Almoço	Almuerzo
Aperitivo	Aperitivo
Água	Agua
Bebida	Bebida
Bolo	Pastel
Cadeira	Silla
Colher	Cuchara
Delicioso	Delicioso
Especiarias	Especias
Fruta	Fruta
Garçom	Camarero
Garfo	Tenedor
Gelo	Hielo
Jantar	Cena
Legumes	Verduras
Macarrão	Fideos
Peixe	Pescado
Sal	Sal
Salada	Ensalada
Sopa	Sopa

Roupas
Ropa

Avental	Delantal
Blusa	Blusa
Calça	Pantalones
Camisa	Camisa
Casaco	Abrigo
Chapéu	Sombrero
Cinto	Cinturón
Colar	Collar
Jaqueta	Chaqueta
Jeans	Jeans
Luvas	Guantes
Meias	Calcetines
Moda	Moda
Pijama	Pijama
Pulseira	Pulsera
Saia	Falda
Sandálias	Sandalias
Sapato	Zapato
Suéter	Suéter
Vestido	Vestido

Saúde e Bem-Estar #1
Salud y Bienestar #1

Altura	Altura
Ativo	Activo
Bactérias	Bacterias
Clínica	Clínica
Doutor	Doctor
Farmácia	Farmacia
Fome	Hambre
Fratura	Fractura
Hábito	Hábito
Hormones	Hormonas
Medicina	Medicina
Nervos	Nervios
Ossos	Huesos
Pele	Piel
Postura	Postura
Reflexo	Reflejo
Relaxamento	Relajación
Terapia	Terapia
Tratamento	Tratamiento
Vírus	Virus

Saúde e Bem-Estar #2
Salud y Bienestar #2

Alergia	Alergia
Anatomia	Anatomía
Apetite	Apetito
Caloria	Caloría
Corpo	Cuerpo
Dieta	Dieta
Digestão	Digestión
Doença	Enfermedad
Energia	Energía
Genética	Genética
Higiene	Higiene
Hospital	Hospital
Humor	Humor
Infecção	Infección
Massagem	Masaje
Peso	Peso
Recuperação	Recuperación
Sangue	Sangre
Saudável	Saludable
Vitamina	Vitamina

Tempo
Tiempo

Agora	Ahora
Ano	Año
Antes	Antes
Anual	Anual
Calendário	Calendario
Década	Década
Dia	Día
Futuro	Futuro
Hoje	Hoy
Hora	Hora
Manhã	Mañana
Meio-Dia	Mediodía
Mês	Mes
Minuto	Minuto
Momento	Momento
Noite	Noche
Ontem	Ayer
Relógio	Reloj
Semana	Semana
Século	Siglo

Tipos de Cabelo
Tipos de Cabello

Branco	Blanco
Brilhante	Brillante
Cachos	Rizos
Careca	Calvo
Cinza	Gris
Colori	Coloreado
Encaracolado	Rizado
Fino	Delgada
Grosso	Grueso
Loiro	Rubio
Longo	Largo
Marrom	Marrón
Ondulado	Ondulado
Prata	Plata
Preto	Negro
Saudável	Saludable
Seco	Seco
Suave	Suave
Trançado	Trenzado
Tranças	Trenzas

Universo
Universo

Asteróide	Asteroide
Astronomia	Astronomía
Astrônomo	Astrónomo
Atmosfera	Atmósfera
Celestial	Celestial
Céu	Cielo
Cósmico	Cósmico
Equador	Ecuador
Galáxia	Galaxia
Hemisfério	Hemisferio
Horizonte	Horizonte
Latitude	Latitud
Longitude	Longitud
Lua	Luna
Órbita	Órbita
Solar	Solar
Solstício	Solsticio
Telescópio	Telescopio
Visível	Visible
Zodíaco	Zodíaco

Vegetais
Verduras

Abóbora	Calabaza
Aipo	Apio
Alcachofra	Alcachofa
Alho	Ajo
Batata	Patata
Beringela	Berenjena
Brócolis	Brócoli
Cebola	Cebolla
Cenoura	Zanahoria
Chalota	Chalote
Cogumelo	Seta
Ervilha	Guisante
Espinafre	Espinacas
Gengibre	Jengibre
Nabo	Nabo
Pepino	Pepino
Rabanete	Rábano
Salada	Ensalada
Salsa	Perejil
Tomate	Tomate

Veículos
Vehículos

Ambulância	Ambulancia
Avião	Avión
Balsa	Ferry
Barco	Barco
Bicicleta	Bicicleta
Caminhão	Camión
Caravana	Caravana
Carro	Coche
Foguete	Cohete
Helicóptero	Helicóptero
Jangada	Balsa
Lambreta	Scooter
Metrô	Metro
Motor	Motor
Ônibus	Autobús
Pneus	Neumáticos
Submarino	Submarino
Táxi	Taxi
Transporte	Lanzadera
Trator	Tractor

Parabéns

Conseguiu!

Esperamos que tenha gostado tanto deste livro como nós gostamos de o desenhar. Esforçamo-nos por criar livros da mais alta qualidade possível.
Esta edição foi concebida para proporcionar uma aprendizagem inteligente, de qualidade e divertida!

Gostou deste livro?

Um simples pedido

Estes livros existem graças às críticas que publica.
Pode ajudar-nos, deixando agora uma revisão?

Aqui está um pequeno link para
a sua página de revisão:

BestBooksActivity.com/Avaliacoes50

DESAFIO FINAL!

Desafio n° 1

Está pronto para o seu jogo grátis? Usamo-los a toda a hora, mas não são tão fáceis de encontrar - aqui estão os Sinônimos!
Escreva 5 palavras que encontrou nos puzzles (n° 21, n° 36, n° 76) e tente encontrar 2 sinónimos para cada palavra.

*Escreva 5 palavras de **Puzzle 21***

Palavras	Sinônimo 1	Sinônimo 2

*Escreva 5 palavras de **Puzzle 36***

Palavras	Sinônimo 1	Sinônimo 2

*Escreva 5 palavras de **Puzzle 76***

Palavras	Sinônimo 1	Sinônimo 2

Desafio n° 2

Agora que já aqueceu, escreva 5 palavras que encontrou nos Puzzles (n° 9, n° 17 e n° 25) e tente encontrar 2 antônimos para cada palavra. Quantos se podem encontrar em 20 minutos?

Escreva 5 palavras de ***Puzzle 9***

Palavras	Antônimo 1	Antônimo 2

Escreva 5 palavras de ***Puzzle 17***

Palavras	Antônimo 1	Antônimo 2

Escreva 5 palavras de ***Puzzle 25***

Palavras	Antônimo 1	Antônimo 2

Desafio n° 3

Óptimo! Este desafio final  não é nada para si.

Pronto para o desafio final? Escolha 10 palavras que tenha descoberto nos diferentes puzzles e escreva-as abaixo.

1.	6.
2.	7.
3.	8.
4.	9.
5.	10.

Agora escreva um texto a pensar numa pessoa, num animal ou num lugar de seu agrado.

Pode utilizar a última página deste livro como um rascunho.

A Sua Composição:

CADERNO DE NOTAS:

ATÉ BREVE!

A equipa Inteira

www.ingramcontent.com/pod-product-compliance
Lightning Source LLC
Chambersburg PA
CBHW081702120626
46550CB00010B/2988
* 9 7 9 8 8 9 6 7 0 4 0 7 2 *